为发展我国社会主义护理事业努力奋斗！

黎秀芳

一九九年五月

编 委 会

总策划

占国桥　邓瑞华　励小捷

执行策划

黄富强　刘维忠　黎烈芬

顾问委员会主任

李炳仁

顾问委员会副主任

李树贞　徐昌健

编委会主任

朱自清　尹　强

编委会副主任

黎世荣　杨建仁　杨敬科　崔　明

陆　皓　李　杰　方忠义

主　编

雷　波

编　委（按姓氏音序排列）

陈东坡　陈　平　冯桂贞　郭维兰

李　斌　李志刚　陆明明　罗　琴

罗　祥　宋吟兰　田凤琴　王宏伟

王　新　杨　彩　姚辉杰　赵小钧

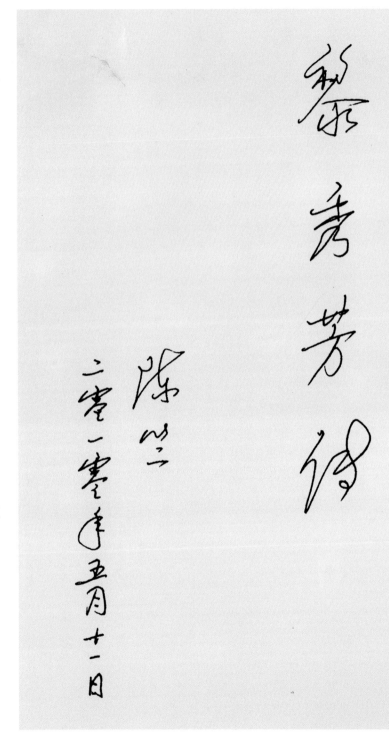

蒸蒸芳传

陈竺

二零一零年五月十一日

卫生部部长陈竺题词

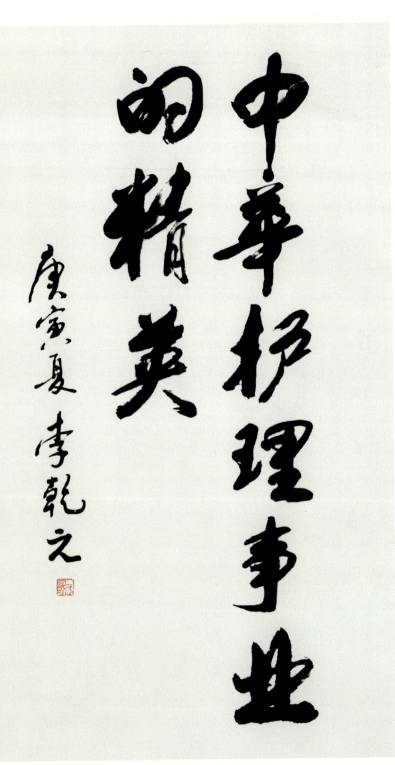

中华护理理事业的精英

庚寅夏 李乾元

原兰州军区司令员李乾元上将题词

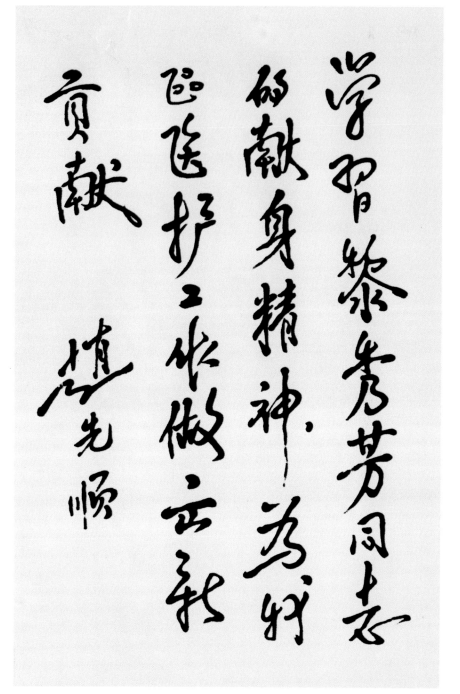

学习黎秀芳同志的献身精神，为树立医护工作做出新贡献

先顺

原兰州军区司令员赵先顺题词

序

　　欣闻雷波先生撰写的黎秀芳自传体长篇纪实文学《大爱无垠》一书即将出版,我感到非常高兴。

　　我是黎秀芳的侄女。2007 年我作为特邀代表,与雷波一道成为中宣部、卫生部和总政组织的"黎秀芳先进事迹报告团"成员,曾在一起共事三个多月,足迹遍布西北乃至全国 10 个省市(区)。报告团行程即将结束的时候,雷波告诉我,他在为我姑姑写书,并邀请我为他的书作序。我觉得姑姑的一生值得总结,而雷波是姑姑生前为数不多的"忘年之交",又是她遗嘱的撰写人,深得姑姑的信赖。由他来撰写此书是再合适不过的了。因此,我便欣然允诺。

　　我对雷波说,就用我这次的报告稿作为该书的序吧!因为这篇短文融进了我与姑姑之间最真切的友谊和最深厚的情感,也是我平生第一次向世人倾诉我对姑姑的爱,对祖国的爱。

　　我生长在台湾,旅居于美国。爷爷因为思念女儿心切,取"芬芳"之意,给我起名黎烈芬。小时候,从长辈的思念中,我知道海这边还有一个姑姑。

　　姑姑从 19 岁离开家,此后长达 70 余年的岁月里,与家人相聚的时间,加起来还不到一年。其实,姑姑是可以留在父母身边的,我爷爷也替她作过安排,可是姑姑总是坚持自己的选择。1941 年底,为了投身建设抗战大后方的工作,已经在中央高级护士学校留校任教的姑姑,决定与同学一起奔赴大西北。当她们绕道重庆准备到兰州时,姑姑被我爷爷暂时留了下来,照顾病重的奶奶。期间,她多次要求到西北去,爷爷再三劝她说:"西北很苦,到时想回来,哭都来不及。"但是她没有听爷爷的话,悄悄搭乘一架便道飞机辗转到了兰州。1948 年,爷爷连着发了几封信,催姑姑回家,可是左等右盼,不见姑姑的音讯。爷爷就派人拿着买好的机票,直接来兰州接人,但是姑姑还是没回来。没办法,爷爷就亲自到兰州接她。经过 3 天的劝说,也没能把她带走。后来的事实证明,姑姑的这个重大抉择是正确的,中国共产党不仅接纳了她,还重用了她。姑姑被任命为西北军区第一陆军医院附设高级护士学校校长。由于工作努力,她多次受到毛泽东、邓小平、江泽民等中央领导人的接见。我认同姑姑的成就,源于她对中国共产党的忠诚,对祖国永恒的爱,回忆这些往事,唯一让姑姑感到无法弥补的是,她怎么也没有想到,与父亲兰州分手,竟成了永别。1969年,我爷爷去世前,反复对家人讲的一句话是:"要找到秀芳,接她回家。"1992年,奶奶过世,姑姑去台湾送别奶奶,祭扫爷爷的墓。姑姑跪在爷爷墓前,说:"阿爹,我来了。"这是她们父女离别近半个世纪后,姑姑对爷爷说的唯一一句话,可爷爷听不见了。此后每次通话,姑姑总说:"要照顾好爸爸!"寄托着她对爷爷无尽的思念。

2000年9月,我第一次踏上祖国的土地。与姑姑相处短短4天时间,我们姑侄每天都有说不完的话。她高兴得像个小女孩儿,不时替我倒水、帮我揉肩。夜深了,我们的话还说不够。恋家是每个人最朴素的情感,姑姑也不例外。她依恋父母亲人,深爱自己的家。2007年7月9日,姑姑在弥留之际,一遍遍地喊着:"阿爹、阿妈,我要回家,我要回家!"这是对爱的呼唤,一切的爱都源于对家、对父母、对亲人的爱,都是这朴素情感的升华。姑姑是家中长女,爸爸常跟我说,他们小的时候,家境不是很好,姑姑就像个小大人,主动做家务,照顾弟弟妹妹。由于家里的拖累,姑姑直到11岁才上学。每当我爸爸讲起这些,总有说不完的温馨事、道不尽的姐弟情。2005年姑姑病重那次,80多岁高龄的爸爸,执意回来看望他的姐姐。病床前,神志不清的姑姑,把我爸爸当成了爷爷,说:"阿爹,我给你做饭,给你做饭!"姑姑去世后,按照她生前遗愿,我和爸爸带着姑姑的部分骨灰,把她安放在爷爷墓旁,让姑姑的在天之灵得到一些长辈的呵护,享受一些父母的疼爱。

姑姑爱上护理事业,源于我们家早年那段令家人刻骨铭心的岁月。短短5年中,3位亲人因缺乏科学的医护相继去世。眼睁睁地看着亲人经受病痛折磨,看着病魔无情地夺走一个个亲人的生命,幼小的秀芳姑姑,一次次哭干了眼泪、喊哑了嗓子。每当追忆起那段岁月,姑姑总在念叨,"要是当时有好的医护,他们就不会那样痛苦地死去"。所以,姑姑后来没有接受爷爷让她学法律的想法,而是执意报考了南京高级护士学校。姑姑对护理事业的热爱,几乎到了痴迷的程度。1981年,姑姑到美国探亲,这是她与家人离别34年后的第一次团聚。知道姑姑要来美国,家里人都很高兴。大家准备了一肚子的话要跟她说,还预定了观光的日程要陪她玩儿。谁知姑姑无心观光旅游,而是把更多的时间用于考察美国的护理事业。那段时间,她白天到医院、学校参观学习,晚上整理笔记。姑姑回国前,我80多岁的奶奶,再三劝她留在美国共度晚年,但姑姑决意要走。我们年轻小辈,看得出姑姑的一生志向,也只能放下心中的不舍,敬佩并祝福她踏上回国的路。送她那天，在机场的天桥上，姑姑驻足回首，同我们挥手告别，尽管有段距离，但我仍然看到她眼中的泪光闪烁！此番景象，几十年来，在我的脑海里挥之不去。

姑姑对护理事业孜孜以求的精神，影响了我们家族的每个成员。我二姑姑上护士学校，是受了她的带动。我爸爸娶了学护理的妈妈，也是秀芳姑姑的影响。因为这个缘故，家里人也养成了一个习惯，不管是不是从事护理工作，大家都对护理方面的事特别留意。每次与姑姑通话，只要涉及护理，她就特别高兴。姑姑常说，护理对象不仅是病人，也是常人。细细品味姑姑的话，我觉得这是对护理理念的升华，是人道主义和博爱在护理领域的体现。姑姑毕生从事临床护理和护理教学工作，长期养成的职业习惯，已深深地融入血液、渗入骨髓，话不出三句必然讲到护理。记得2004年，姑姑病得很重，我回国看望她。病情好转后，她在家里与我闲话家常，没说几句，她又讲开了护理。言谈中，她说我这也不对，那也错了，当时我知道这是她的职业习惯，故意向她使小性子，不高兴地说"我不来了"。没想到，她记住了这句话。送我走时，她吃力地下了楼，对我说："对不起，不要不来！"我流着泪，抱住她说："我会来的！"

姑姑终身未婚，无儿无女，她的晚年生活，是我们家人最大的牵挂。每次与姑姑通电话，大家都很关心她的生活和健康。可她不爱谈论自己的身体状况。后来，亲历了姑姑几次重病过程，全家人对姑姑的晚年放心了。因为，姑姑有一个最温馨的家，这就是祖国；姑姑有一个最坚实的依靠，这就是中国共产党组织；姑姑有一群胜似儿女的亲人，这就是像她那样热爱护理事业的人们。2004年9月，姑姑告诉我，她差点没了，多亏医护人员全力抢救。姑姑一生播撒爱心，用全部生命推动护理事业，护理也维系了她最后几年的生命，给了她一个幸福的晚年。7月13日送走姑姑后，我本能地又回到她生前的居室，总觉得姑姑还活着，在家里等着我。抚摸着姑姑生前喜爱的花草、用过的家具，感受着姑姑留下的气息，我才真切地感到姑姑已经走了，永远地走了。我站在江泽民先生接见姑姑的那幅照片前，拍了张纪念照，因为这张照片是姑姑受领南丁格尔奖时拍下的，里面凝聚着姑姑的精神和荣耀。经过许可，我还取走了姑姑书架上《白求恩精神永放光芒》那本书，我要把姑姑的精神带回家，作为传家之宝，一代一代传下去。

美籍华人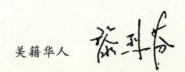

目　录

第一章　风云家史

永远的湘潭

上个世纪初,中华大地到处弥漫着军阀混战的硝烟,那也是社会大变革的时代。那时,城市里中产阶级以上的家庭都崇尚一种西化的风气,因此许多人都信仰着并非本土的宗教——基督教。就有这样一对青年,男的叫黎泽溥(后更名离尘),女的叫陈凤笙,他们青梅竹马、两小无猜,两家为世交,又同在一所教会学校读书,随着年龄的增长,两人自然而然成为一对恋人。他们便是黎秀芳的父母。

黎离尘家在湘潭,陈凤笙家在湘乡。两人的母亲为闺中好友,相从甚密。黎母视陈凤笙如同己出,曾经笑语愿得凤笙为女儿,陈母欣然首肯。就这样门当户对的一对青年,欢天喜地遵从父母之命而成婚。

婚后的生活是幸福而甜蜜的。

1917 年 3 月 3 日,一声清亮的哭声,黎离尘的大女儿出世了。黎离尘为她取名模韫。韫,有收藏、蕴藏之意。《论语·子罕》中云:"有美玉于斯,韫椟而藏诸?求善贾而沽诸?"怀有美玉,是收藏在柜子里,还是待价而沽?汉朝蔡邕《释诲》说:"覃思典籍,韫椟六经,安贫乐贱,与世无营。"引申为胸有经纶和治世之才之意。这是初为人父的黎离尘对女儿的美好祈盼。

辞书中有一词条,石韫玉而山辉,这似乎可以用来写照黎秀芳的一生。

五岁以前,模韫就跟随母亲生活在湖南湘潭老家。此时的黎离尘,只是一个穷教员,靠教书谋生养活一家人,日子过得很拮据。

湘潭钟灵毓秀,人杰地灵,素有"金湘潭"之美誉,是楚文化的发祥地。春秋战国时代湘潭就已十分发达,史称"唯楚有才,于期为盛","湘中灵秀千秋

永，天下英雄一郡多"。

湘潭天空闪烁的繁星，数不胜数。

黎家家世显赫。黎光曙，清道光十三年登进士，授翰林院编修。历任文渊阁校理、国史馆总纂、庚子会度同考官、江南道监察御史等职。黎光曙一家兄弟五人，老二黎光晟是黎秀芳的先祖。

湘潭著名的"黎氏八骏"之一的语言学家黎锦熙是模韫父亲的叔叔，毛泽东主席于北大图书馆工作时，黎锦熙正任北大校长。

模韫的曾祖父曾任江苏巡抚，祖父纳粟捐官为江苏知县候补，后就职于江南造币厂，一生刚介耿直，"与权贵绝少往还"（摘自《黎氏家谱》）。外祖父陈紫贵为晚清军官，"曾为江苏省游击，鼎革后不仕，退居林园"（摘自《黎氏家谱》）。也就是说，中华民国取代了清政府，改朝换代之后，陈紫贵便退隐于山林，不再为官了。

如果去湘潭市泗洲庵巷，可以看到黎氏宗祠的旧址。当年，黎离尘就是从这里前往南京求学的。五岁的模韫也是从这里被父亲接到南京的。

十八岁以后，模韫就再也没有回过湘潭，梦中的湘潭是有妈妈的湘潭，梦中的湘潭是充满儿时记忆的湘潭。

黎秀芳晚年时，有一次保姆小黄问她："黎妈妈，您是湘潭人吗？您记得湘潭是什么样的吗？"她回答道："湘潭和梦中的一样，是我梦中的天堂。"甚至，黎秀芳想用孩子的画笔，把梦中天堂的一条小路，描一遍再描一遍。或许，黎秀芳并没有这样想过，但她有这样的意思，我们相信，她肯定有这样的意思。

满眼望不到边的青山绿水，远处湘江江面，有船静静地划过。门前两株高高的南洋杉，洁净美丽；艳丽的黄花，叫鸡蛋花；龙眼树上的果实寥寥无几，在高处结着，有些孤单；青绿的木瓜，像调皮的男孩子一般在树上挤作一团；白玉兰则似女孩子一样羞涩地散发着甜香，如若摘下来串成一串，挂在脖子上，晚上取下时，还会甜香依旧。

祖父开设学馆，家里每天都整齐划一地坐着孩子们，摇头晃脑地背诵着

黎家先祖黎椿生在南京郊区的墓碑

《弟子规》、《千字文》什么的,听得久了,小模韫居然能从头到尾一字不差背下来。祖父总是疼爱地轻轻拂着模韫的头说:"我们模韫应该是个读书人呐,可惜啊,不是个儿子!"遗憾的是,祖父看不到模韫日后的成就,否则,他就不会有这样的感慨了。

因为父亲和母亲都是虔诚的基督徒,模韫很小的时候就受了洗礼。

母亲体弱多病,却常常沿着泗洲庵巷大青石板铺成的小径,带着她去尖顶的教堂做弥撒。尖顶处,耶稣在巨大的十字架上正替人类承受着大苦大难。小模韫和母亲一起唱赞美诗,向神祷告,然后吃一小块圣饼喝一小口红葡萄酒,据说那象征着耶稣基督的身体和血,之后可以获得救赎。

黎秀芳(摄于1946年)

小模韫盼着做完弥撒的母亲不再在深夜里揪心地咳嗽。心里默念着"阿门"。

有时候,家里聚集起一群女子,她们之间不叫名字,互相称呼"姊妹",总是母亲为她们宣讲《圣经》,讲上帝和天使们的故事。那里,小模韫感觉母亲泛着微微红晕的脸上全是圣洁的光芒。

有一天,小模韫问妈妈:"天使是什么样的?"

妈妈笑着说:"天使就是感动了上帝的漂亮女孩。"

"那怎么样才能感动上帝呢?"

"孩子,要感动上帝可太难了。"

"我不怕难,你告诉我。"

"那可是需要很长时间的,有时甚至需要一生一世的付出。"

"一生一世有多长?"

"一生一世就是爱的全部,当你把你爱的全部都给予了被爱的人的时候,你的愿望就可以实现了。"

"妈妈,我懂了。"

"孩子,你还小,等你长大时,你就会真的懂了。"

小模韫懂了吗?但母亲懂,她就相信自己也懂。

母亲慈爱的眼神深深地印在了她的脑海之中。

母亲常常给年幼的模韫讲众生平等之类的浅显道理。模韫记得母亲讲过一位提着一盏马灯奔走在战场上救护伤员的外国女子的故事，她有一个很长的名字，叫什么什么南丁格尔。外国人的名字太复杂，名字加上姓，一长串，但是，模韫牢牢记住了"南"、"丁"、"格"、"尔"这几个字，这是一个将要影响她一生的名字；还有，伴随这个名字的那盏马灯，也将照亮她的一生。母亲大概不会想到，她在湘江边上随意给模韫讲述的南丁格尔的故事，对模韫的一生将会有多么重大的影响。

时间如江水一样地流淌着，白帆、鸥鸟，不经意地划过湘江湛蓝的天空。可生活并不全是风平浪静诗一样的抒情。模韫五岁时，母亲生下弟弟后，不幸患上产褥热，一病不起。母亲一日一日高烧不退。小模韫懂事极了，她不吵也不闹，睁着大大的眼睛，像是突然间就长大了，整日陪伴在母亲身旁，端茶送水，侍候母亲。

然而，母亲没能因为模韫的懂事而停下走向死神的脚步。疼痛不时地袭来，她挣扎着，延挨着。模韫记得母亲握着她的双手，恋恋不舍地望着她，那眼神透露出来的是慈爱与不舍，那眼神还想告诉她更多做人的道理……

死神的脚步越走越快。

母亲微喘着对模韫说："要爱护弟妹，要尊重以后的继母。忍让也是一种爱，在许多时候都必须学会有苦有难先自己扛着，有福有乐先让给别人。"模韫记住了，并一生奉行。

死神啊，你为什么这样的残酷。只给这个世界奉献了几声啼哭的弟弟，也随母亲而去了。

黑沉沉的夜，灯光摇曳着，天使没有到来，那提着灯长着翅膀的天使，任小模韫哭得死去活来也没有到来。

父亲回来了，把五岁的模韫接到了上海。

模韫告别了湘潭，告别了母亲，告别了湘江、小船、鹭鸶和这里的青山绿水，从此再无缘相见。

小模韫生活的大文章才刚刚开了个头，湘潭，却成了她人生长篇巨著中的第一个绝非圆满的句号。

家乡，日复一日成了梦境。天上的月亮年年都会圆，只有她的梦境，却终生都是缺的。

模韫十七岁时，黎家家境已大为改观，父亲黎离尘已在南京国民党政府任职。有一天，趁着父亲高兴，模韫说："我想报考南京高级护校。"

"你怎么会有这样的想法？"父亲颇为吃惊。他宠爱的大女儿，又美丽又聪明能干的女儿，怎么可以去做护士，去干这个又脏又累被人瞧不起的职业？

黎离尘一向重视对子女的教育。也许是长期在蒋介石身边工作，受蒋夫人宋美龄的影响，他要求女儿要精通英语。正是这一点，让女儿一生受益无穷。模韫个性要强，聪慧过人，黎离尘对女儿有着很高的期望。他希望女儿去学法律或者中文，希望女儿也能像蒋夫人那样步入上层社会，出入于贵族的圈子之中。模韫从小上的是教会学校，学英语、数算、音乐、绘画等。黎离尘经常把一些外国朋友带回家中，这让女儿的英语有了突飞猛进的进步。甚至有一段时间，他为了工作方便，同时也为了女儿练习口语，举家搬迁与美国驻华大使马歇尔将军为邻。马歇尔，这位在中国近代史上风云际会的人物，如何评价他在中国历史中那一时期的作用，是史学家们的事情，让模韫一直记忆犹新的是这位美国将军的风趣与幽默，他宽宽的肩膀和那双锃亮的皮靴。

只是，模韫性格中的叛逆成分，大概也与她所受的西化教育有关。她越来越觉得女性要有独立自主的生活，要有独立的人格，要有自己的事业，要有自己的追求，绝不能依附于家庭或是某个男人。

父亲的态度早在模韫的预料之中。为什么去做护士？她忘不了母亲所说的那个名字——南丁格尔，以及那盏照亮了南丁格尔一生的马灯。这盏马灯也将照亮这个中国女孩子的一生。她坚持着，一次次想要说服父亲。

父亲也坚持着，他沉默着。他知道这个女儿，平日柔弱温顺，骨子里却十分倔强。

如果说人的一生，总能遇到几个改变命运的人，那么，在模韫的一生中，沈克飞先生要算一个。

沈克飞时任南京高级护校校长。

父女"战火"正炽。如同一部那个年代风靡的黑白默片一样，父女之间的这场战争是没有声响的，他们都在坚持着，看谁先退让下来。

黎离尘在饭馆里吃饭偶遇故旧挚友沈克飞。

"离尘兄，我看你气色不对，好像心中有事。"

"鄙人有一长女，今年十八岁，想去学医当护士。我不同意，她死活不听，你看……"

"这有啥难,女孩子做护士,其实也很好。学成,将来做个护校的教师或当高级护理,是非常好的一份工作,你说对不对?"

"唉,我就是觉得……"

"是不是觉得有点丢人?问题可不能这么看。我当初学医,别人就说外科不好,动刀动锯的像个屠夫,可你看我不也很好吗?"

父亲态度有所缓和,模韫感觉到了。

"选择护理专业,不是我一时的冲动,是要拯救像母亲和弟弟一样的病人……"

模韫永远都不会忘记那个痛苦的湘潭的夜晚,晃动的油灯将屋里慌乱的人影拉得细长细长,满墙都是。可是,没有人救得了母亲和弟弟。

黎离尘突然觉得,女儿长大了。他似乎看见了女儿心底厚厚的创痂,丧亲之痛,给模韫幼小的心灵留下了也许终生都挥之不去的阴影。女儿是想做一个天使。

思虑良久,黎离尘终于重重地叹了口气,无奈地同意了女儿的选择。

考上南京护校后,模韫先做了一件具有象征意义的事,她为自己改名为黎秀芳,决心要做一名美丽得像花儿一样的白衣天使,给人世间带来甜美的芳香。

黎离尘后来在日记中写道:"女儿之作为难囿吾想,其患恐始于择邻与学潮所感。倔强乃天成,乖戾为近者想诱。所择之业,恐为良善所累,甚忧。"(摘自《黎离尘手稿之日记》)做父亲的良苦用心,随着女儿的渐渐长大,终有一天,她会理解的,而且,她也会心疼的。

很久以后的1950年,彭德怀元帅握着她的手,用浓重的湖南口音对她说:"我们还是湖南老乡,毛主席也是湘潭人嘛!"那一刻,黎秀芳为自己是湘潭人感到无比骄傲和自豪!她噙着激动的泪水,一个劲儿地点头说:"是的,是的,我一定跟着共产党,跟着毛主席好好工作,好好工作。"

亲 情

母亲陈凤笙去世以后,父亲黎离尘把黎秀芳从老家接到身边,亲自教她读书。当时,黎离尘正在上海培正中学任教员。在湘潭,因为祖父和母亲管教很严,加之天资聪颖,黎秀芳已识得不少汉字,还会背诵很多古文诗词,这使得父亲非常宽慰,对她疼爱有加。正是在父亲的影响下,黎秀芳自幼就打下了深厚的国学基础。

后来,父亲娶了继母吴大珏。1928年,黎秀芳只有十一岁,继母因难产去世了。从屋子里传出的凄厉的惨叫声吓坏了黎秀芳,多少天过去了,她耳边还一直萦绕着接生婆慌乱的声音:"真是吓死人了啊,还没有见过谁生孩子流过那么多的血!"铺天盖地的夜幕,看不见的月亮,鲜血浸润了床铺,屋子里满是腥味。小小年纪的黎秀芳知道了,人的血,流多了就会死的。

黎秀芳又一次哭哑了嗓子,在接踵而至的家庭变故中,这个渴望有人抚慰和关爱的孩子,比同龄的孩子更早更深刻地体会到了人世的残酷和生命的脆弱无常。

继母死后,两个弟弟没有人照管,黎秀芳只好辍学在家,料理家务。父亲不在家时,黎秀芳就踩着小板凳炒菜做饭。

那时父亲刚由南京到上海,在基督教协会当秘书,生活尚未稳定,家中也没有保姆,兄妹三人暂时由二妈的妹妹吴大瑾帮着照顾。吴大瑾只比黎秀芳大十多岁,很喜欢黎秀芳。黎秀芳也非常喜欢这个年轻、漂亮的小姨娘。

晚上,只要爸爸一进门,黎秀芳就会赶紧给他送去拖鞋,倒上一杯热茶。

有一天,父亲很晚才下班回家,推开大门的一刹那,他看见女儿坐在院子里睡着了,她的身边,左右各有一个小弟弟也趴在姐姐的腿上睡着了。女儿的面前摊开着一本弟弟上学用的书。

父亲含着歉疚的泪将孩子们抱到床上。

面对着女儿,难以入睡的黎离尘,一瞬间,自己也像是个孩子,喉头哽咽着,几乎落下泪来。看着他的样子,吴大瑾劝慰说:

"这么晚了,睡吧。"

"我心里有点不好受。"

"为啥?"

"为模韫那孩子。"

"模韫是不是惹你生气了。"

"没有,我是觉得不能再拖累她了,要让她上学,不是私塾,上正式的女校或者教会学校。"

"那就让她上教会学校吧,那里离家近,费用又便宜。何况你在教会做事,也好照顾。"

黎离尘点了点头。

第二天，父亲就把黎秀芳送到了距他们当时住的上海宝山路德庆里弄堂最近的教会学校，因为黎秀芳的中文和英文都好，她被直接插班在二年级。黎秀芳从小学到中学毕业总计读了七年，她不停地辍学、插班。

　　为了照顾一家老小，父亲又和小姨娘吴大瑾结婚了。

　　随后，当继母生孩子时，黎秀芳再次辍学在家帮忙照顾。夜阑人静，昏黄的灯光下，鲜血淋漓的场面老是一个镜头一个镜头地出现在她的脑海里，不是黑白默片，是红黑的鲜血，是痛苦和挣扎，是哭喊。由此，她落下了一个病根，一说到谁生孩子，她都会像得了癔症一样浑身发抖，甚至发高烧。这个毛病一直到她后来上了护校，才慢慢有所好转。

　　黎秀芳在上海只读了三年小学，由于父亲被调往南京参加禁烟委员会，全家就一起迁往南京了。

　　黎秀芳从小料理家务，常负责给家里买菜等一些开销。五六岁的时候，父亲常常问她今天买了多少菜，花了多少钱，什么菜什么菜多少钱一斤，黎秀芳的流水账每次都报得清清楚楚，慢慢父亲就不再过问了，对这个懂事的大女儿，他放心。黎秀芳偶尔也会自作主张买些糖果之类的零食，只是自己从来不私下吃了，而是带到家里平均分配给每个弟妹，许多时候分到最后自己没有了，她看着弟妹们开心，自己也高兴。

　　父亲教育子女们非常严格，特别是英文，每天教的单词背不完，就会被罚站。乖巧用功的黎秀芳从来没有挨过罚。可是，每次父亲惩罚弟弟妹妹们，打板子或罚跪时，黎秀芳都会和他们跪在一起。

　　父亲说："你又没错，跪什么？"

　　黎秀芳就会说："我是他们的姐姐，弟妹们没读好书，自然是我没有管教好，怎么能说我没有过错呢？"

　　父亲不忍心，于是大家就都被免罚了，弟弟妹妹们都非常喜欢这位侠骨柔情的大姐。

　　大弟黎模均在七十多岁高龄时回忆起小时候的生活，还津津乐道地说起跟姐姐在一起的事情。他说，有一次，妈妈和模昭妹妹病了，被送进医院，当时模华妹妹还不到一岁。模韫大姐又要往医院跑，又要照顾弟妹们，很辛苦。特别是模华妹妹，当时还在哺乳期，离开妈妈就哭闹不停，姐姐一直抱着她，怎么也哄不乖。那时好像是初冬时节，家里已经生上了火盆，就是那种低矮的放在地上的烧木炭的铜火盆，姐姐抱着模华在火盆旁取暖。姐姐真的是太累太累了，一不小心打了个盹，把怀里的小模华掉进了火盆子里，幸好包着很厚的小被子，不然真会出大事的。几天后，爸爸为家里请了个保姆，这样，姐姐就轻松了。黎模均定居在美国，说到这段往事时，眼里噙着泪花。

那时黎家住在南京秦淮河边"夫子庙"附近的文德桥旁，后来还陆续在那里购置了一些产业，有房屋二三十间。

"桨声灯影里的秦淮河"，那可是文化人汇聚的地方，文德桥边更是风景如画。夏天天热时，父亲常与一些文坛诗友租船到秦淮河消暑。有时也会带上儿女。黎秀芳生性不喜欢凑热闹，总会把这样的机会让给弟妹们，然后自己悄悄地躲在家里看书学习。她似乎更喜欢独处，不顾一切地渴望着独立。俗话说，女大十八变，黎秀芳变化最大的是思想上的变化。那时她曾想，要是哪一天能离开家庭，过上自己独立的生活就好了。当然，她更需要的还是思想上的独立，她要自己做自己的主人。这种想法在她以后的生活中变得越来越强烈，也使她越来越要强，越来越希望自己掌握自己的命运。她甚至差一点就离家出走。多年后她回忆说："如果自己当年是一个男孩子的话，一定就会出走的。"

黎秀芳义无反顾地选择了以护士为职业，一来是护校毕业后能找到一份稳定的工作，当时医院非常缺护士，特别是受过正规训练的护士；二来上护校不交学费，可以减轻家里的负担，还可以尽快地离开家过一种自由的生活。这后一点，对于当时的黎秀芳来说更重要一些。但是，潜意识中南丁格尔这个名字和那盏马灯，肯定一直在熠熠闪烁并指引着她。

黎秀芳在护校实习的时候能够拿到些微薄的薪水，第一次拿到自己挣的钱时，黎秀芳给继母扯了一块旗袍料子，给父亲买了一听烟。当然她最忘不了的是弟妹们，她给弟妹们每人都买了一件小礼物。那一天，是全家人在一起的一次狂欢节，和弟妹们一直闹到很晚才休息。父亲一直和继母在旁边观看着，似乎是在分享他们的快乐。

1949年，在中国革命发生了天翻地覆的变化的年月里，黎秀芳和家人失去了联系，直到三十二年后她到美国探亲时，弟妹中已有两个早早地离开了人世，剩下的几个聚在一起给他们的这位姐姐深深地鞠了一躬。任时光流逝远隔千山万水，也隔不断他们的手足情深。

黎家秦淮河边的旧居"文革"时被没收，"文革"后落实政策的时候，通知黎秀芳，打算退还给她。但是，当时里面住着许多人家，黎秀芳觉得不能让那么多的人无家可归，就毅然放弃了，说是捐给国家了。如今那里开有一家叫"秦淮人家"饭馆的，就是黎秀芳家的旧居。

"离尘夫子"

黎秀芳的父亲黎离尘在国民党政界素有"老夫子"之称。所谓老夫子，是指旧社会家馆或私塾的教师，或是指迂腐而顽固不化的知识分子。这两个意思，用在黎离尘身上，似乎都有些道理。

黎离尘少有文名，早年常在报纸上发表文章，后来被蒋介石发现并赏识，于是投笔从戎，被蒋视为亲信，受到重用。

黎秀芳之父黎离尘

无论是美国老式上流社会的生活做派深入到骨髓里的宋美龄，还是传统道学味道十足的蒋介石，都十分欣赏黎离尘这位平素少言寡语的书生。

蒋介石和宋美龄刚结婚的时候，宋美龄不甘在家里做第一夫人，蒋介石就派她去管北伐军的遗族学校。那时黎离尘就是遗族学校的教务处副主任，宋美龄经常亲昵地称他为"老夫子"或"离尘夫子"。不论穿军装的黎离尘，还是着中式长袍马褂的黎离尘，身形瘦长额有皱纹的他，怎么看都是一副书生模样。

其实，黎离尘并非绝对远离尘世、不谙世事的老夫子。他一向关注国家大事，并立志救国救民，是个一心想以天下为己任、以笔治天下的读书人。古人云，读书人需"修身、齐家、治国、平天下"，黎离尘可谓身体力行者。

早在五四时期，黎离尘就参加学生运动，时任南京学生联合会干事兼日刊编辑，因为写评论痛斥当时的省会警察厅厅长王桂林的丑恶行径而被拘捕。幸得美籍中华圣公会季盟济先生和钟可托先生交涉营救，未被判刑。钟可托先生曾是五四时期中华禁毒会的创始人。黎离尘学成毕业后，先在上海培立中学当教员，后改任中华全国基督协会文书股干事。

黎秀芳不仅从父亲那里习得深厚的国学学养，她印象最深的，还是父亲那时以"黎忱"为笔名大量发表于事报、新报、新闻报上的一些文章。在那个军阀混战的时代,许多热血青年都投身革命,希望建立一个民主共和的中国。

记得当年驻扎在上海的李定璋,他和当时各路的乱世军阀一样,随意草菅人命。黎离尘与诸爱国青年书写了大幅标语:"打倒孙传芳!""打倒丁文江!""打倒李定璋!"遍贴大街小巷。

很难想象平日里沉默寡言的黎离尘,瘦弱的身体里是如何满载着一介书生潮水般的爱国热情的。

黎离尘与夫人吴大瑾结婚四十周年纪念合影(1966年夏摄于台北)

1927年,黎离尘任天津《庸报》编辑时,曾发表过大量惊世骇俗的时评。这期间,他结识了黄仁霖先生。当时蒋介石刚刚成立励志社,自任为国民党励志社社长,黄仁霖为总干事。蒋介石聘用黎离尘为励志社的干事,此后二十五年间,黎离尘追随蒋介石,一直为蒋所器重,并被视为亲信,后来被提为励志社副总干事。

黎离尘是以其忠厚的品德为蒋介石所器重的,他去世后墓碑上的文字,也是由蒋介石亲笔书写的。就事论事,人生如是,亦属知足。

相对于历史,每个人都只是历史长河中小小的一滴水,难能可贵的是,这小小的一滴水亦能溅起浪花。

黎离尘和他一向疼爱的大女儿黎秀芳,在人生的道路上却观点相左,冲突碰撞,可谓背道而驰,个中的酸甜苦辣、坎坎坷坷、悲欢离合、苦涩泪水,难以言表。

父亲黎离尘从政后,弃宗教而改变人生信仰的时候,女儿也在悄悄地接受着另外一种主义、另外一种思想观念的熏陶。马克思主义是上世纪初传到中国的,共产主义思想是上世纪初20年代时在中华大地上萌芽的,黎秀芳的生命几乎与之同时孕育、成长。这或许就是那一代人的命运,那一个时代的命运。

遗憾的是黎离尘最终没有成为他的湘潭老乡毛泽东、彭德怀那样的历史所造就的时代人物。

1930年,黎离尘协助黄仁霖办励志中学。这年,冯玉祥与阎锡山起兵反

蒋,中原大战拉开帷幕。军阀混战,民不聊生,难民如潮。黎离尘被任命为伤兵视察团的副主任,随主任黄仁霖赴津浦陇海各地视察医院、犒劳慰问伤兵。据黎离尘日记记载,仅天津一处医院伤兵就多达七万余人。

黎离尘后来每谈起这段经历,便感伤诸多。他说那时缺医少药,医生很少,护士根本见不到,伤患人员得不到护理,有些可怜的青年穿着破衣烂衫,躺在门板上,有的人身上仅盖着稻草。

当时才十三岁的黎秀芳对父亲说:"要是我能成为南丁格尔一样的人,就可以去照顾他们了。"父亲当时没有在意女儿说的话。不是一语成谶,黎秀芳年幼的心里早已种下了这样一颗种子,一盏伴随了南丁格尔一生的马灯,在黎秀芳的心中越燃越亮。

黎秀芳考入南京高级护校不到一年,抗日战争就全面爆发了。九一八事变以后,黎离尘被派往沈阳调查国民党军队在前线的损失。在一篇发表于《励志旬刊》的文章中,黎离尘写道:"目睹日本人将我机上之党徽改漆太阳旗帜,热泪盈眶,不敢声息,此仇此景,靡日忘之!"

1935年,中国共产党发布了《八一宣言》,提出抗日民族统一战线的主张。同年10月,红军长征到达陕北。

"一二·九"运动爆发,全国人民的抗日热情高涨,抗战进入新的阶段。可是蒋介石却依旧奉行"攘外必先安内"的政策,忙于四处剿共。

在西北担负剿匪剿共的东北军与西北军厌恶内战,在全国抗日运动高潮的推动下和中共抗日统一战线政策的影响下,两军领导人张学良、杨虎城开始与共产党及红军秘密接触。

蒋介石恐张学良、杨虎城剿共不利,于是调集嫡系部队至豫、陕边境,逼迫张学良、杨虎城继续进攻红军。1936年10月,蒋介石亲自飞到西安督战。12月4日,他再次飞往西安,要挟张、杨两位将军,并称如不尽力剿共,将把张、杨两部的军队分别调往安徽、福建,由中央军进驻西安。

1936年12月12日,张学良、杨虎城发动西安事变,逼蒋抗日。西安事变拉开了全民抗战的序幕,有着极其深远的历史意义。

1939年,国民党在庐山成立军官司训练团,黎离尘授少将军衔;1941年,又奉令升任战地慰问组组长,军简一级组长;1947年,升任为励志社副总干事;1948年,兼任国民革命军遗族学校校务主任,授中将衔。而此时,黎秀芳也已担任了兰州中央医院代理校长兼护士部副主任。

黎离尘是位开明的父亲,当初黎秀芳选择护士为职业,后来又坚决要去西北大后方的医院,他都阻拦,但最终还是接受了女儿的选择。父母与子女的战争,父母通常都是输家。

　　1941年底,黎秀芳和同学张开秀、欧莲卿人暗地里计划,利用休假的机会,瞒着学校,不顾家人的劝阻,毅然踏上了西行的征途。为了抗日救国而奔赴大西北的她们,终于在四个月之后,辗转跋涉来到了兰州。父亲黎离尘在诗中写道:

　　　　死别哀伤尚有期,最难排遣是生离。
　　　　白门陇上相思苦,一是森儿一韫儿。

　　　　　　　　　　　　　　　　——《念韫森两儿》

　　父爱是深沉的,生离比死别更揪心。在那个战火纷飞的年代里,唯有亲情最堪怜。

　　见不到远在千里之外的女儿,满怀一腔思念之苦的父亲继续在诗中抒发他的心情:

　　　　陇云遮断关山月,五载相违念已得。
　　　　料得小西湖畔客,终朝踯躅发愁吟。

　　当时,黎秀芳所在的兰州中央医院,就坐落在兰州黄河南岸的小西湖畔。

　　授了中将军衔的父亲,多么想去兰州看看久别的女儿啊,但身边是连绵的战事,书信尚且难通,更奈何与女儿谋面。

　　1947年,黎秀芳因工作需要调往上海国防医院护理科任实习教员,父女二人才算是有了一次短暂相聚的时光。

　　黎秀芳把对父亲的爱深深埋藏在心灵深处。她多想和别人一样,能给爸爸洗一洗脚,捶一捶背,做一顿可口的热汤面啊。

　　1949年解放前夕,父亲想带她去台湾,她再次违背父亲的意愿,拒绝了。不曾想,这竟成了她与父亲的最后诀别。1969年,父亲黎离尘带着遗憾离开了人世,或许,他最后的愿望就是能再见一眼自己的大女儿。如果说生离,那是父女人生的各自选择,那么死别,远在祖国大陆的黎秀芳却是全然不知。

　　这一别就是三十五年,在这三十五年里,不知道有多少次她都在梦中见到过可亲可敬的父亲。2007年4月12日,黎秀芳的弟弟黎模斌从美国回来

看望病重的大姐，神志模糊的黎秀芳对医护人员说："我爸爸来啦，让我起来给爸爸做顿饭，现在国家富强了，要啥有啥，可不能再让爸爸光吃白米饭了。"黎秀芳错把长相酷似父亲的二弟当做了已故的父亲，在场的医护人员无不落泪。总医院干三科主任罗晓红眼含热泪地说：黎老病重期间，思维慢慢模糊，叫得最多的就是"爸爸"。

数十年的杳无音讯，黎离尘对女儿的思念与日俱增，当孙女降临人世时，他为孙女取名"烈芬"。"烈"的意思是说黎秀芳的性格刚烈，认准的事就一定要做下去，不成功不罢休；"芬"与"芳"都是对花而言，且可组成词语，由"芳"及"芬"。黎离尘想从孙女的身上找到女儿的影子。老父亲无时无刻不挂念着几十年不得谋面的女儿。人生在世亲情为最，无人能舍。

"让我起来为爸爸做顿饭。"谁又能不为这句话动容！

一心要有所作为的黎秀芳从家庭走出来，她不但走出了封建樊笼，而且走出了一个腐朽的时代，这是她一生最大的骄傲，也是那个时代女性的正确选择。她舍弃了家庭，只是舍弃了一种不适宜于她的生活方式而已，她并没有舍弃血浓于水的亲情。人非草木孰能无情，最初离开父亲时那些孤寂的夜晚，她为思念亲人而哭泣，父亲的每一封来信，都是她精神生活的支柱。

生活，磨砺出了一个坚强的女儿，这也就足以告慰父亲了。

黎夫人大珏（中坐）、大瑾（左一）、长男模均（左二）暨杨（右一坐）、尚（右二）两女士合影（民国 13 年夏摄于南京）

第二章 花 季

天使梦

黎秀芳一次次想起母亲讲的提着一盏马灯在黑夜行走的南丁格尔,她是母亲心目中的天使。南丁格尔,她又何尝不是黎秀芳所景仰的天使啊。

1922年的一天,这是个暗无天日的日子,母亲和弟弟在痛苦中离开了人世。那一天,天使没有降临。

丧亲之痛让黎秀芳变得早熟, 小小年纪的她过早见识了生活的残酷和无常。上高中时,黎秀芳有位在南京中央医院担任护士长的朋友韦君,她是个性格爽朗、谈吐不俗、能歌善舞的才女,黎秀芳常常去她工作的地方找她。满目素雅中,韦君一身白衣白帽,穿梭在痛苦不堪的病人当中,就如同一粒止疼药或者安眠药,一个微笑,一声问候,病人便会渐渐舒缓下来。病人的梦里,是不是出现的也是这位白衣天使的身影呢?

韦君送给了黎秀芳一本《南丁格尔传》,她希望黎秀芳也来做护士。她说,这是个神圣的职业。黎秀芳有些惊诧,她第一次听说护士竟然是个神圣的职业,那时候或许她并没有意识到,这种神圣感将会伴随她的一生。

"夜幕降临时,她提着一盏小小的油灯,沿着崎岖的小路,在四英里之遥的营区里,逐床查看伤病员。士兵们亲切地称她为'提灯女士'、'克里米亚的天使'。"韦君和黎秀芳这一对好友常常在南丁格尔的故事里感动、流泪。

提着灯的天使长得什么样呢?韦君说:"像你。"黎秀芳说:"像你。"

书里说:"她身材高挑儿,消瘦修长,一头棕色茂密的短发,肤色白皙,灰色的眼睛闪现着忧郁消沉的神色,但有时却流露出快乐的波光,真是令人难忘。她的牙齿美丽整齐,笑起来甜美无比。头上蒙着一条长的柔软发巾,沿着

发角扎起来，把她白静的瓜子脸，衬托得更为美丽。她经常穿一件黑丝质料的长衫，外加一件黑色披肩，给人一种雍容高雅、落落大方的印象……"

黎秀芳心里总是摇曳着南丁格尔的美：纤细，轻盈，轻柔的像神一样没有声音的脚步，她想她是专门从天上下到人间来为人医治苦难的。在一次梦里，她穿着韦君那样的一身白衣白帽，还像南丁格尔那样提着一盏带罩的马灯，安静地看着咳嗽的妈妈。妈妈，被一圈灯光笼罩的妈妈竟然奇迹般地不再咳嗽，而是孩子一般甜甜地睡着了。被灯光笼罩的妈妈是幸福的妈妈。

后来灯灭了，黎秀芳的梦醒了。

在南京国立高级护士学校上学的黎秀芳，从这所当时中国少有的训练护士人才的学校，走出了她人生重要的一步。她总能听到一种声音呼唤着让她一直向前走，向前走，她仿佛觉得自己快要长出一对洁白的翅膀了，在她的前面远远带路的是南丁格尔，是一盏带罩的马灯。她知道，自己也会成为一个护士，一个能给人消除病痛带来平安的人。

她生活中的每一天将与"洁白"、"神圣"连在一起。洁白的鞋袜、洁白的帽巾、洁白的护士裙……推开一间间病房的门，微笑地对病人们说："你们好！"发自内心的问候，将伴随她的一生。

南京高级护士学校留给黎秀芳的印象是：严格极了，清洁极了，让人喜欢极了。校长和教员，大都是协和或是本校毕业留校的高才生，不少人还留过学。她们是当时中国医学界和医学教育界的知识女性，个个那么整洁、神圣，守护在病人身旁，活脱脱的如天使。她们大都恪守独身，这也是那个时代留在女权主义者身上的标记……这一切在一个十九岁女孩子的眼里，是那么美丽。她们的生活态度，深深地影响了黎秀芳的一生。

病人住院治病是民众的权利，不是乞求。

医护人员为病人治病是我们应尽的义务，不是恩赐。

黎秀芳学习很刻苦，无论学习理论，还是做实验，都非常用功。有一次做动物实验，剥离小动物的输尿管，由于她不慎将输尿管割破，老师只给了70分。为此，她难过了好几天，此后她更加勤奋努力了，每个学期都在班上名列前茅，毕业时获得了成绩优秀奖。

1937年，抗日战争爆发。当时还在护校的黎秀芳就积极参与了救治从前线下来的伤病员的行动。血的现实和梦的距离竟然只有咫尺之遥。

韦君不幸被日军的炸弹炸死了,很惨,脑袋削掉了一半。伤心的黎秀芳不吃不喝蒙着被子睡了整整一天,昏昏沉沉的她梦见韦君一身白衣白帽,轻松愉快地向她走来,越走越近,仔细看,怎么像是个外国女子?再看,明明就是韦君啊,可怎么又好像是南丁格尔呢?黎秀芳醒过来,枕巾已经被眼泪浸湿了一片。

黎秀芳在笔记本上工工整整地抄下了美国诗人朗费罗写给南丁格尔的诗:

> 在英国伟大的历史上,
> 有一位"提灯女郎",
> 将给优秀、英雄的女性,树起高尚的榜样……

"韦君离开了,她的那份工作,就由我来替她做吧。"黎秀芳对自己说。

黎秀芳又想起韦君曾经朗读过的《南丁格尔传》中那句著名的话:"在我的词典里没有失望、退缩这样的词汇。"在黎秀芳的一生中,代替失望和退缩这两个词的是:希望、坚强。

这两个词也可以说是黎秀芳生命的写照。

一个扮演南丁格尔的小姑娘

在南京护校期间,黎秀芳担任班长、学生自治会主席。

黎秀芳认为,应该以南丁格尔为榜样去从事护理工作,学习她的精神,并且让全社会都知道,护士的职业并非单纯伺候人,而是凝结着对人的关爱、凝结着追求真善美的理想,是一种高尚的事业。

刚到护校的时候她和同学们聊起了南丁格尔的故事。

"南丁格尔是谁?"

"南丁格尔是全世界医护事业的创始人,是医护事业的天使。"

黎秀芳给同学们讲南丁格尔的出身,讲南丁格尔的家庭,讲她前往克里米亚照顾伤兵的传奇故事,讲她"提灯女神"的来历。看着同学们听得津津有味,她干脆把自己珍藏的《南丁格尔的生涯》和《南丁格尔传》两本书带到学校供大家传阅。后来,她们还找到了一些关于南丁格尔的其他著作互相传看。那时候,黎秀芳和她的同学们就如同我们今天年轻人中的追星族,但她们追的是南丁格尔和她的天使一样的事业。

　　五四新文化运动以后,爱国主义思想获得了广泛的大众基础。在那一时期学生中流行的《戏剧》杂志上,有许多表现现实生活的优秀剧本,比如侯曜的《山河泪》、郭沫若的《王昭君》、北京女子高等师范学校学生编撰的《孔雀东南飞》等等。她们借来这些剧本作参考,揣摩人物心理,模拟当时的条件与环境,力求表演风格近似于小喜剧,因为这种风趣幽默的形式更容易被观众所接受,特别是被普通的劳苦大众阶层所接受。

　　学校开展文娱活动,黎秀芳主动承担了编排节目的任务,组织同学们编演话剧《南丁格尔》。她们自己剪裁服装,自己制作道具,废寝忘食几近于着迷。黎秀芳说:"不论做什么事情,都必须全身心地投入,只要你投入了,就一定能够成功。"

　　为了写好剧本排好戏,黎秀芳还曾写信求教于新文化运动的大作家、与她有着亲戚关系被称作姑父的郭沫若。郭沫若是黎秀芳父亲的表兄,一向与家里往来频繁。直到晚年,黎秀芳还清楚地记得姑父郭沫若赠送给父亲黎离尘两块汉砖的事。黎秀芳曾经那样热爱这位满腹经纶的姑父,她能背诵《女神》中的大段内容:"自从炼就五色彩石/曾把天孔补全/把黑暗驱逐了一半/向那天球外边/在这优美的世界当中/吹奏起无声的音乐雕融/不知道月儿圆了多少回……"郭沫若那种站在地球边放号的狂飙精神,深深地感染着黎秀芳。

　　黎秀芳忙着编演《南丁格尔》的这一年,郭沫若作历史小品多篇,辑为《豕碲》,译日本林谦三《隋唐燕乐调研究》,译德国席勒《华伦斯太》。郭沫若堪称全才,金石甲骨书法等,无所不精。他曾数次前往甘肃,黎秀芳对大西北情有独钟,不知受没受这位姑父的影响?

　　黎秀芳和同学们精心编排的《南丁格尔》,在护校的演出也是轰动一时,大获成功。

　　一位黑眼睛、黑头发的女孩,把一位外国女性演得那么逼真。舞台上,小南丁格尔看到一只受伤的狗,眼里流露出那么真挚的怜惜。用纤嫩的手指小心地将它的伤口包扎起来,操作得那么轻柔,那么细心……没人不相信这就是南丁格尔!

　　黎秀芳扮演的南丁格尔笼罩在一盏马灯光晕中天使一般的形象,成了那一段时间同学们公开和私下热议的话题。

父亲的信

1939年至1941年，黎秀芳的父亲黎离尘除了帮助蒋介石筹备庐山军官训练团之外，还以视察专员的身份前往湘、粤、桂、黔四省慰问前线受伤的将士。

此时的黎秀芳正值花季少女多愁善感的年龄。每次读着一封封父亲从视察地医院写来的信，她都会感慨万千，伤心流泪。在宿舍里别人睡着时，她常常会借着月光，捧起父亲的信一遍一遍默默地读着，有一次居然读出了声音，以至被惊醒的同宿舍的人还以为她在说梦话呢。

第一封信：

> ……余等今日行山路遇劫，劫匪多为山民，山民因饥而生事，散去一些钱财，护送物资无恙幸甚之事。百姓之基，苦于无奈，因饥而盗情有可原。军方欲捕捉几人，赖余苦劝始释。做人做事应大度可恕，恕人之过实免己之罪，吾儿在学校切不可与人争强，盼以学业为重……

父亲的来信，犹如耳提面命，给了黎秀芳一种精神上的力量。父亲教她一心向善，这也正是她一生奔赴的方向。

黎离尘先生七秩寿诞全家合影(1968年春)

生活与学习中每遇困难,只要读起父亲的来信,她心中便会涌出一股暖流和感动,那是爱。

第二封信:

　　……吾儿勿念,弟妹尚好否?记得要常去家中看看,你是一个乖巧的值得信赖的好孩子,你永远是我心中的自豪和骄傲,想你定能帮助二娘带好弟妹管好家事。父亲甚是思念,不日即归……

黎秀芳想起在一个风和日丽的日子,父亲带她出外散步的情景。街上的人和往日一样,忙着自己的事情,脚踏车店的学徒在补车胎,粮米店的老板娘在打扫走廊,饭馆跑堂的快乐地吆喝着,学生们在等公车,贵妇们牵着狗在溜达……日常生活一如既往的平静和恬淡,阳光暖暖的,有那么一点点和煦的微风吹过,远处的溪流依旧那样缓缓地流淌着,似乎千年万年以来就没有变化过。生活中的一切都和时间的钟摆一样规律而正常。但是,父亲牵着她的手,走在街头的心情却不一样,父亲不住地向行走在街上的熟悉或不熟悉的人点头微笑,因为他是带着自己美丽的女儿出来散步,所以,他在不断地用谦逊的微笑掩饰着自己心中的快乐和知足。

黎秀芳回忆自己少女时代的职业选择,起初的愿望是能照顾母亲那样被病痛折磨的亲人,后来,是想像南丁格尔那样去帮助所有需要帮助的人。一个优秀的护士能给予人们更多的爱,是爱让她选择了做一名护士。大爱是无私的,就如同父爱和母爱,给予了,自己也就会幸福和快乐,也由此得到了回报。

第三封信:

　　……为父奉蒋公之命特为犒慰伤兵及视察医院,今至陇海,有后方医院四十余家,伤患者达七万二千余人,有部分伤病员由于缺医少药而表现急躁,但疏于宽容与帮助,未尝滋事。停住脚步安慰一下躺在地上的人,你或许就能救他一命。为人而生,就要生而为人所用,你停下来他就会感谢你,你就会是他心目中的天使……

"为人而生,就要生而为人所用,你停下来他就会感谢你,你就会是他心目中的天使……"父亲的这句话也是黎秀芳经常说的,真正的快乐来源于宽容和帮助。也像父亲说的那样,停住自己的脚步去安慰病人一下,哪怕就仅仅是安慰一下而已,都会让他记得并感恩的。护士的工作,在战争年代,尤其可以让一个人大显身手,因为眼前常常是成百成千的伤病患者,护士的工作就是救助他们帮助他们。对那些痛苦不堪的伤病员而言,他们的一线希望全都寄托在护士最初的救助上,微笑可以减轻他们残缺肢体上的痛苦,轻轻的抚慰和关怀或许能使他们的生命发生奇迹。你说护士能不是天使吗?天使就是这样降临的,天使并不需要翅膀,最多只需要一盏马灯。天使往往就在我们身边,甚至,天使就是我们自己。

那时,黎离尘所做的最有价值的一件事情就是为伤病员作了调查记录,并建立了卡片档案,以科学的方法进行统计和管理。当时全国被划分为四大区,黎离尘所在的慰问团属第二区。他说第二区有伤病员一百四十七万余。他为伤病员所做的卡片,还记录了伤病员的出身资历和为国伤残之光荣记录与功勋。当时的英国参议员,国民党所请的战地慰问团的英国专家劳森喟然感叹:"黎离尘先生所设计的这种卡片,用意颇深,然我英国素以事事不落人后的自予令者,今对此至可宝贵的记录,不无愧色矣!"

黎秀芳帮助父亲整理过这些卡片,她从中也了解到许多抗日将士英勇杀敌的动人故事。她暗暗下定决心,一定要像南丁格尔一样,到士兵们中间,竭尽所能,为他们解除痛苦。

"灯光摇曳着飘过来了,寒夜似乎也充满了温暖……我们几百个伤员躺在那,当她来临时,我们挣扎着亲吻她那浮动在墙壁上的修长身影,然后再满足地躺回枕头上。"伤病员们曾经怎样热爱天使南丁格尔啊!现在,伤病员们也会爱上白衣白帽的中国天使的。

南丁格尔手上的那盏马灯,已经在一个中国女护士的手中燃亮了。

风 波

黎秀芳考入南京国立中央高级护士学校不到一年,抗日战争全面爆发了。

国民党军队节节败退,东北沦陷,华北沦陷。短短一个月,日本侵略军就兵临上海城下了。

"八一三"上海保卫战一天比一天吃紧,上海一旦失守,南京危在旦夕。蒋介石国民政府不得不下令迁都,把首都南京迁往重庆,同时动员南京人民紧急疏散。

大爱无垠

"迁都"、"疏散"两道命令一下,国民党的高级政府机关迅速行动起来,黎秀芳的父亲黎离尘很快接到了随政府机关撤离南京的命令。

1937年秋季,校方宣布:学校也要撤出南京。

战火已逼近南京,日军开始轮番轰炸这座古城。

母校那些可爱可敬的师长,亲如姐妹的同学……都将漂泊在迁徙的路上。

黎秀芳的父亲希望女儿能和家人一起离开南京。

父亲工作的励志社,就如同一个国民党高级军官俱乐部。黎离尘常常接触一些上层权贵,父亲也一直梦想着女儿能像宋氏三姐妹那样步入上流社会。

可是,黎秀芳希望和学校一起走。

面对关乎女儿一生幸福的抉择,黎离尘非常焦虑,他担心为女儿的前途煞费苦心的设计将会落空。

父女俩出现了"冷战"状态,黎秀芳的心里也很矛盾。

每个人的生活中或多或少都有属于自己的梦想,当然有人能够实现,有人难以实现,这取决于努力的程度,看自己是否争取过。

黎秀芳想做自己喜欢的工作,不论有多少艰苦与磨难,她都不想放弃。可是,她也不想让家里人因为自己的选择而误解和伤心。那段时间她沮丧消沉,非常烦闷,心情真是糟糕透了。

南丁格尔是怎么顶住来自家庭的压力的呢?那些日子,黎秀芳一遍又一遍地读着《南丁格尔传》。南丁格尔在日记中写道:

> 我的使命,就这样结束了吗?我真看不出来,她们什么时候会回心转意。如果我的想法无法实现,无法到病人中间去,我该有多么痛苦!我继续生活下去,还会有什么意义和价值!
>
> 上帝啊,我该怎么办?我不想让家人伤心,但也绝对不能屈服,我必须咬紧牙关,擦干眼泪,顶着压力,继续前进。

这些话就像是专门说给黎秀芳听的。

黎秀芳一点点调整好心情,她决定像南丁格尔那样,一如既往地继续自己所选择的生活。

生活中有阴霾,但更多的是晴朗愉快的日子。对一个有着坚定信念的人来说,大步朝前走,朝着既定的目标走,尽管会遇到坎坷,尽管会遇到意想不到的艰难与险阻,但奋斗的经历会使人觉得激动与兴奋,并会由此而产生胜利和快乐感,这是懦弱的人所体会不到的一种最为伟大的幸福。

父亲最终没有拗过女儿。父母与儿女的战争中,似乎输家永远是父母。

一只大船载着黎秀芳的父亲、继母和弟弟妹妹们,离开南京,溯流而上,往重庆驶去。

黎秀芳送全家离开后,立即赶回学校继续上课,等待后撤命令。

1937 年 11 月 12 日,上海沦陷。

日本侵略军占领上海后,迅速向南京逼近。

每天都有很多百姓死于日本人的轰炸。随着局势一天天变得紧张,护校终于接到了"疏散"的命令。

11 月下旬的一天,黎秀芳和同学们正在上生化课,一个人气喘吁吁地闯进教室,通知她们马上停课,立即转移。黎秀芳随着护校一起撤离了南京,踏上了三年多的流亡之路。

那是一个凄风苦雨、惨痛悲怆的日子。她们离开学校,去长江码头乘船的途中,日本飞机来了,她们分散躲避。一阵狂轰滥炸之后,飞机飞走了。可是,集合队伍、清点人数时,却发现少了两个女同学。

她们立即分头去找,最后找到的,却是两具尸体。一个女同学的腹部被炸烂了,一个女同学的脑袋被炸掉了。几分钟前还有说有笑的两个如花似玉的姑娘,眨眼之间就变成了两具血淋淋的尸体。

噩梦般的残酷现实,使黎秀芳的心灵受到了有生以来的第一次强烈刺激。在以后的人生中,她一直没忘记这两个年轻的同学,这两具血淋淋的尸体。

黎秀芳她们乘坐的船缓慢地向长江上游驶去。江风卷起的浪花,打湿了她们的衣服、鞋袜和书本。

中央高级护校撤离南京半个月后,日本军队就开始了对南京的进攻。守城的中国军队同攻城的日本侵略军激战四日,最后突围撤离。

1937 年 12 月 13 日,日本侵略军侵占南京,开始了震惊世界的南京大屠杀。

仅仅一个多月的时间,"六代帝王国,三吴佳丽城"的金粉之地,就成了一座人间地狱。据不完全统计,在长达六个多星期的血腥大屠杀中,集体屠杀中国军民十九万余人,零散杀害居民仅收埋的尸体就达十五万多具,被屠

杀总数达三十万人以上。

英国《曼彻斯特卫报》记者所著《外人目睹中之日军暴行》中,称日军在南京的暴行是"现代史上破天荒的残暴记录","现代文明史上最黑暗的一页"。美国《纽约时报》记者谴责日军"把南京变成了一座恐怖的城市"。

在流亡的一千多个日日夜夜里,黎秀芳和护校的全体师生们一起,历经磨难,但是却从未退缩过。

黎秀芳跟随护校一起转移,起初她们是跟着部队一起撤退的。沿路伴随着大大小小的战斗,她们一边在战斗的间隙上课,一边做战地救护实习。当时的协和、华西、金陵女大、中央大学等联合起来轮流上课,国民党派部队保护学校和学生。

休息时大家常常谈起战事。

"听说日本人到江西了。"

"南京已经失守了,唐孟潇的部队也撤出了上海。"

"咱们撤向哪里?"

"听说去武汉。"

日本人的飞机疯狂地从早到晚在南京、苏州一带狂轰滥炸,一列列火车上都挤满了逃难的人群。到下关江南岸时,等船的难民有几十万,小民船把岸上的人驳到大船上,一不小心就有人掉进江水里,岸上哭声一片。国民党唐孟潇的部队从上海溃败退出的时候,在苏州河征用民船,他们把老百姓从船上轰下去。还有那些泡在水里等待救助的伤兵,没人管,场面惨不忍睹。

每人每天只能领到一个烧饼。撤退的人群中,除了学生、军人、政府官员及家属和大量的难民之外,还有一些外国人。

有一次过河,外国人有船,中国人却没有。

学生们说:"把我们也送过河去。"

流亡岁月,唯一能依靠的是这块土地和同胞的躯体。

024

外国人说:"送过去可以,但必须交钱,要美元。"

他们连银元都不要,金圆券更是形同废纸。学生们哪里有美元?只能眼睁睁地看着一些有钱的官僚与商人上了船。

"你们就不能讲点人道,我们都还是学生。"

"那就对女学生讲点人道,漂亮的上船。"紧接着就是淫邪的笑声。

学生们被激怒了。国难当头,一些男同学就争先恐后地投奔部队,上前线杀敌去了。黎秀芳只能是暗下决心,发誓一生为医护事业奋斗。

第三章　流亡岁月

溯流而上第一站——武汉

生命有时候太脆弱,像是玻璃,一碰,就"哗"的一声碎了。飞机每天都在轰炸,死亡随时随地都有可能突然降临。

到达武汉那天,大约已是晚上七点钟。秋天凉了,天黑得也早。马路上并没有想象中的冷清,街市两边的霓虹灯招牌放射出耀眼的强光,刺得人眼睛发疼。

根据上面的命令,黎秀芳她们要在这里停留一段时间,一边上课,一边抢救从前线运送下来的伤员。

从前线送来的伤兵在一天天增多, 战地医院根本救治不了那么多的伤病员。护校的学生们全部被安排在战地医院工作,依旧人手不足。再加上难民太多,传染病流行,每天都有一大批一大批的人死去。

黎秀芳随着护校到达武汉没几天,就遭遇日本飞机的又一轮轰炸。当时,正是吃饭时间,一颗炮弹飞来,当场炸死了十多个同学,其中有四名是护校的女生。滚滚烟尘中,哭喊声乱作一团。

混乱中,听见沈克飞校长大声呼喊:"同学们,不要乱。"

话音未落,又一颗炮弹呼啸着落下来,沈校长飞身将黎秀芳和另外一名女生扑倒,护在自己身下。敌机远去了,沈校长站起身,问到:"你们怎么样?有没有受伤?"

黎秀芳拍拍满身满头的土说:"校长,我们都还好,咱们赶紧去救别人吧。"

看着黎秀芳镇定的神色,沈校长有点出乎意料。他没想到一个文弱的女孩子在战争面前竟然会表现得这么勇敢。

沈校长带领学生们迅速投入到了抢救伤员的人群中。

战争可以让人变得成熟。黎秀芳和护校的同学们在战火的洗礼中，在一次次面对死亡的悲愤中，愈发坚强起来，倒下的人倒下了，活着的人为了完成他们未竟的事业还要继续战斗。

战争，就好似一块磨刀石。黎秀芳感觉自己内心的那块铁，被磨得越来越锋利了。

来不及流泪，没有时间伤感，黎秀芳和同学们如同上足了发条的钟表，睁眼就工作，倒头就睡觉，甚至没有做梦的时间。

她们变得勇敢了，变得坚强了，一点也不像刚刚撤离的时候，遇事动不动就哭鼻子，就想退缩。越是艰苦的环境，越是能磨砺和锻炼一个人的意志，不经历"苦其心志，劳其筋骨"的磨砺，怎么能成就一个人值得骄傲的一生呢？

沈校长一直很关心黎秀芳的学习和生活。黎秀芳一点一滴的进步，沈校长都看在眼里，喜在心上。这一天，沈校长过生日，他想请同学们吃一顿饭，犒劳一下大家。

"同学们，今天我请大家吃顿饭。"

"太好了，好多天都没开荤了。"

同学们很高兴，但不明白沈校长为什么忽然要请吃饭。她们七嘴八舌地议论着。

"沈校长为什么要请我们吃饭？"

"会不会是他要离开我们？"

"不如去问一问黎秀芳，沈校长最喜欢她，她一定知道。"

黎秀芳告诉大家："今天是沈校长的生日，他见大家太辛苦了，想犒劳犒劳大家。"

"既然是沈校长的生日，我们应该为他祝贺一下。"

"穷学生拿啥凑份子呢？"

"我看买串鞭炮放一放，搞得喜庆一点，也算大家的一片心意，怎么样？"黎秀芳说。

她的意见得到大家的一致赞同。同学们为沈校长准备了一次特殊而难忘的生日联欢会。放鞭炮、吃饭，然后又去沈校长的住处唱歌跳舞，闹腾到了

深夜,直到凌晨还无睡意。那也是流亡岁月里大家最快乐的一天。

不知是谁在念:"床前明月光,疑是地上霜。举头望明月,低头思故乡。"又有人说,看到月亮,就想起在家的时候,阳台上摆张桌子和摇椅,就可以边赏月亮边吃水果了。

"古来征战地,不见有人还。戍客望边色,思归我苦颜。"离家久了,到处兵荒马乱,也不知道家人怎么样了?大家一时沉默起来。

黎秀芳说:"我们大家今天难得高兴一次,就不再说这些让人伤心的事了,都说点高兴的事情好不好?"

"听说我们的空军打下了敌人的三架飞机。"

"这确实是个好消息,我也见到了报纸上的新闻。"

"还听说民族革命大学在招生,那可是共产党人办的学校。"

"阎锡山管吃管喝在支持抗战呢,气魄很大。"

"这个阎老西听说很吝啬,怎么会出钱呢?"

"还不是因为共产党厉害,有办法让他掏钱。"

"国共合作,周恩来出任了国民政府军事委员会政治部部长,报上登了照片。共产党人也有长得那么英俊帅气的。"

"那你认为呢?"

"报纸上一直不是说人家是土匪吗?"

"你可真有点书呆子气,报上说的怎么可以轻易相信呢?"

当时,武汉不仅是国民党的临时都城,也汇集了不少东北、平津等地不愿做亡国奴的爱国青年。人人都关注着抗战的消息,进步青年每天上街散发传单,学校里的师生们都传阅着最新战事消息的报纸。

那时武汉有汉口的协和医院、妇女医院和普爱医院等六七家医院。护校的学生暂时在妇女医院上课和实习,每天都参与救治一些从战场上转下来的伤病员。

不久,战事吃紧。

在武汉沦陷前夕,黎秀芳和她就读的中央高级护校,在敌机的轰炸中,又一次踏上了流亡的凄风苦雨之路。

流亡之舟继续顺着长江,向战火暂时还未到达的大西南驶去。这时候,她们仍然不知道要去哪里,不知道漂流到哪里是个头。

欲饮长沙水

毛泽东词云："才饮长沙水,又食武昌鱼。"这一次,是继续溯流而上,欲饮长沙水了。

学校从武汉撤退到了长沙。1938年10月25日,武汉沦陷。

几天后,她们在长沙停了下来。

全国到处都在拼死抵抗日本侵略军的进攻。成千上万的伤员源源不断地运送到长沙和其他暂时还未被侵略军占领的城市。

为了更有效地抢救伤员,同样处在流亡之中的中央高级护校和中央医院,决定联合成立一座重伤医院,专门救治从前线运送下来的重伤员。

由于是重伤医院,接收的伤员几乎个个都是惨不忍睹。有的断了双臂双腿,有的被炸得肠子外流,有的烧得像一块木炭……

黎秀芳和她的同学们,积极参加救治伤员的工作。

在长沙重伤医院的这段经历,让黎秀芳感受到了什么是战争的残酷。南丁格尔在克里米亚战场上,在血迹和死亡的阴影中提着灯行走,就是这种感觉吧?

这里不是课堂,也不是舞台,而是流血的战场。她也不再是学生,不再是扮演南丁格尔的演员,而是要做一位真真切切的提灯天使。

医院的病房里、礼堂里、过道上,躺满了需要救治的重伤员。她们不分昼夜地工作,每天休息的时间少得可怜。

很多个晚上,黎秀芳在马灯昏黄的光亮下,或蹲在地上为伤员包扎、清洗伤口,或在躺满伤员的病房、礼堂、过道里巡回查看。

太多的死人,太可怕的景象。时不时有人呕吐起来。

一名伤员腐烂的伤口,散发着恶臭,蛆虫在伤口处蠕动着,黎秀芳终于忍不住冲出去呕吐起来。吐完了,平静一下情绪,又回到伤员身边,把蛆虫一条条摘掉,把伤口擦洗干净,包扎起来。

黎秀芳和同学们全都沉浸于一种同仇敌忾的情绪中,她们拼命地工作着。

长沙重伤医院的院长由沈克飞校长担任。一天,看到一位急需输血的伤员,正在巡视查房的沈院长卷起袖管说:"我的血型合适,抽我的……"黎秀芳亲眼看着这位著名医学专家的血,一滴一滴注入了伤员的身体里。

食物短缺,整个中国都在饥饿中挣扎。

每天吃两顿饭,甚至一天吃一顿饭。多数时间都是她们正在吃饭,日本人的飞机就来了,赶紧扔下饭碗,躲避轰炸。有时正要开饭,重伤员被送来了,她们就立即投入紧张的抢救工作中。

营养严重不良,卫生条件无法保障,加上精神高度紧张和过度疲劳,终于,黎秀芳累倒了,咳嗽,吐血。

沈院长用听诊器仔细听了她的肺部,脸上阴云密布。

黎秀芳染上了严重的肺结核。她主动与睡在一起的女同学们"隔离"开来。她把被褥挪到角落里,旁边放上书和衣服。

药品和营养品奇缺,即使在黑市上也难买到。可是她的饭碗里,每天都有比其他同学更多的饭菜。她的自我"隔离"被同学们坚决地拆除了……

躺在地铺上的黎秀芳在病痛的折磨中默默念诵着《南丁格尔札记》上的话:

> 我已经从这片土地上得到所有我该得到的!甚至所有的疾病,克里米亚热、赤痢、风湿,我都已亲身尝试,还有什么可怕的?我可以奋战到底!

奇迹出现了,病症居然消失了。她这样解释那奇迹的出现:友爱的抚慰,有时和奇缺的药品一样具有疗效。

在同学们的精心照顾和护理下,她没把年轻的生命丢在流亡的路上。

她们在长沙一住就是七个月。如果不是日本军队进攻长沙,她们也许还会住下去。

第一次接触共产党人

来到湖南长沙,黎秀芳觉得离湘潭近了,离母亲近了。"母亲在望着我吗?母亲啊,我能算作您的天使吗?"黎秀芳这样想。

一天,有个叫张慧的同学约黎秀芳前去湘雅医学院听报告。湘雅医学院久负盛名,创建时,孙中山先生曾题写"学成致用"的勉词,毛泽东也曾在这里主编过《新湖南》周刊。

黎秀芳问:"是谁作报告?"

"听说是共产党人吴玉章。"

"不是说共产党都是土匪,很可怕吗?"

"那是恶意诬蔑。共产党一直主张抗日救国，很得人心。"

"你见过共产党？"

"那当然。"

"吹牛。"

"吹啥牛，现在国共都合作了，告诉你也不怕，我二舅不但是共产党，而且还是红军呢。"

吴玉章，学识渊博，有"金玉文章"之誉。早年参加过孙中山领导的同盟会和辛亥革命，1925 年加入中国共产党，历任陕甘宁边区文化教育委员会主任、鲁迅艺术学院院长、华北大学校长等职。

自 1926 年中国工农红军成立以来，到 1936 年近十年，蒋介石对红军先后进行了五次"围剿"，追堵二万五千里长征的消息，在国民党的报纸上每天都占有很大的篇幅。黎秀芳的父亲是国民党党员、蒋介石身边的要人，家中自然天天都摆放着载有这类消息的报纸。国民党一直说共产党"共产共妻"，是"赤匪"，身处国民党统治区的人们，其脑海里的共产党是被妖魔化了的。

有早早奔赴大西北的朋友曾在给黎秀芳的信中写道："我们在西安看到过红军，我们还见过红军的领导人宋绮云，他温文尔雅，很有气质，看上去像一个学识渊博的教授，他讲起话来头头是道，有条不紊的样子，让人很难相信他就是从大山里走出来的红军。红军在关中地区到处都有活动，他们的服装几乎同陕西地区贫农的服装没什么两样。如果不背枪戴帽徽，几乎看不出和当地农民有什么不同，也看不出谁是官谁是兵。红军喜欢给老乡们干活，担水、扫院子、打麦场、背庄稼，他们看上去很随和。红军其实不是什么匪患，他们是一支有纪律有政策也有信仰的队伍。他们信仰共产主义比信仰耶稣基督还虔诚。他们公买公卖，态度和蔼，大大小小的商店店主都非常欢迎红军，说共产党的队伍和国民党的不一样。误解在慢慢地消除，人们对这支队伍有了新的认识。"

吴玉章的报告会还没开始，但其将引起的震动注定是持久的。

"听说吴玉章就是红军的一个头头。"

"不但是一个头头，而且是红军里面一位很有学问的大官。"

"那咱可得去看看。"

"叫上同学们一起去。"

"好，咱俩一起去动员同学们。"

吴玉章是谁，红军到底是什么样的人，同学们都抱着好奇心前往湘雅医院去听吴玉章的报告。

看红军、听共产党人报告的消息，一时传遍了整个校园。那一天前往听报告的同学很多，所有的人都没想到，那一天竟然会在大家的思想深处烙下了深深的印迹，甚至让许多人的人生观和理想都发生了重大的转变。

吴玉章的报告，入情入理，非常精彩，他在报告中分析了中日形势："目前形势的基本特点，就是日本帝国主义要把中国变成它的殖民地。"

吴玉章慷慨激昂地说："目前是大变动的前夜，我们要团结全国的工人、农民、学生、小资产阶级和民族资产阶级，把他们汇合成一个强大的全民抗战的大团体。同学们，你们也都会成为这个大团体的一分子。'国家兴亡，匹夫有责'，青年人更应该是拯救中华民族的急先锋。团结起来，把日本帝国主义赶出中国去。"

这时有人带头喊起了口号："打倒日本帝国主义！""中华民族万岁！"

黎秀芳和同学们激动地抱在一起说："好啊，好啊，讲得太好了！"抗日口号响彻云霄。

记得报告会结束后许多人都上前去抢着签名，黎秀芳因身形单薄，被挤出人群，她为自己没有得到签名而伤心后悔了许多天。很多同学还一直追随吴玉章到他的住处。吴玉章的讲演稿后来发表在《抗日半月刊》上，成了那段日子黎秀芳爱不释手的文章。那篇文章是中国共产党向民众发出的抗日的宣言、冲锋的号角，对黎秀芳来说，则是下定决心奔赴抗日大后方的动员令。

后来，黎秀芳在兰州见到吴玉章时还说："我早就认识您了，只是没能得到您的签名。"

"你在什么时候认识我的？"

"就是您在湘雅医学院作演讲的时候。"

"那时你肯定还是一个小姑娘嘛。"

"不小了，那时我都十八岁了。您现在能给我补一个签名吗？"

"当然可以。"

黎秀芳把那个有吴玉章签名的笔记本，一直保存了很久，后来在"文化大革命"中被造反派抄家没收了。就是那次听过吴玉章的演讲以后，她们中的许多同学都报名去了大西北，还有一部分去了延安。黎秀芳当时也报名要去延安，可是因为年龄小还没有毕业，学校未批准。因为吴玉章的演讲，黎秀芳对共产党有了最初的良好印象,她觉得共产党是真心抗日的,是真心爱国爱民的政党,绝非像国民党报纸上宣传的那样。父亲说过:"共产党匪性难驯,是党国之大敌。"她觉得父亲并没有认识到事实的真相,她要好好地给当时也在长沙的父亲谈一下自己的所见所闻。

"共产党绝不像您说的那样是悍匪。"

"小孩子家的,懂什么?"

"您不是常常在读总理遗训吗?孙中山先生在民国13年就提出了要联俄、联共、扶助农工的三大政策,值此国难当头之际,中国人民不联合起来打日本人,却要破坏和平团结,剿什么匪。"

"谁告诉你这些的?"

"没谁告诉我,大街上听来的。"

"一个大姑娘家,不好好上学,到处疯跑什么?以后不许再去满大街乱跑,没事了多读点书,或回家来帮着做点事,知道吗?"

她从来没有见过父亲发火,那次不知道为什么父亲竟然大发雷霆,还差一点动手打她。

那是一个理想大于天的时代。

每一个人都要在时代的熔炉里熔炼,然后锻打。

"文夕大火"

在长沙,黎秀芳和护校一起经历了"文夕大火"事件。"文夕大火"又称"长沙大火",是长沙历史上毁坏规模最大的一次人为的火灾,这也让长沙与当时的斯大林格勒、广岛和长崎一起成为第二次世界大战中毁坏最严重的城市。

1938年11月13日,是黎秀芳和长沙人民所经历的噩梦般的一天。

这天深夜,长沙一片寂静。凌晨两点,长沙南门方向突然燃起大火,紧接着,整个长沙城四处起火,顷刻间,长沙城变成了一片火海炼狱……

黎秀芳和同学们从梦中惊醒,她们从火里跑出来时,眉毛和头发都烧焦了。

人们争先恐后地跑到湘江边上想渡江逃命。宽阔的江面只有几只小木船在来回摆渡,有的人被挤到江里,有的人因为所乘小船超载翻沉而落入江中,淹死者不计其数。

天亮时分，一具具尸体顺江漂流，景象惨不忍睹……

这场大火足足燃烧了三天三夜。"文夕大火"后，湖南省政府宣称三千多人死于大火，但事实上远远不止这些，究竟死了多少人，已不可查了。

几天后，老百姓陆续返回长沙，街道的路面仍然烫得无法落脚。此时的长沙犹如一座死城，寂静得令人恐怖。

这场震惊世界的人为纵火事件，是因为国民党的"焦土抗战"政策所致。"焦土抗战"的意思是为了抗击日寇侵略，宁可中国成为一片焦土，也不能让日寇得到想得到的东西。

1938年10月，日军占领了上海和南京，下旬又占领了武汉，接着又逼近岳阳。由于情报不准，蒋介石误认为日军会立即进攻长沙。11月上旬，蒋介石在长沙召开了高级军事会议，决定放火焚烧长沙以阻击日军。参加会议的有何应钦、白崇禧、陈诚、唐生智、张治中等高级将领三十余人。会上，蒋介石说："我们面临日寇进犯，我们国弱，难以抗击强敌的进攻。以弱抗强，只有坚壁清野，才能以空间换时间，保存实力，取得最后胜利。"接着他对湖南省主席张治中说："敌人来了，你们长沙怎么办？"不等张开口，他就斩钉截铁地说："用火烧掉！我军不能住，敌人也住不成。粮食、器材，凡带不走的全烧掉。"在长沙实行"焦土抗战"就这样成为板上钉钉的命令。

11月12日上午9点，张治中接到蒋介石的紧急电报："长沙如失陷，务将全城焚毁，望事前妥密准备，勿误！"12日的电报代号为"文"，因大火发生在夜间，故为"夕"，因此称这次大火为"文夕大火"。

军事会议后，即按蒋介石的旨意部署。军警在各主要街道均放置汽油及各种易燃物，并决定在日军逼近长沙五十公里时举火。最高指挥中心设在最高点的天心阁，只要此处火起，四面即刻响应。但是待命的官兵早已成惊弓之鸟，11月13日夜，在未见日寇一兵一卒的情况下，不知何故盲目点火。天心阁一起火，顿时四处火起，长沙一瞬间就成了火的海洋。

据说蒋介石事后登上天心阁，看到整个长沙被烧得面目全非，全市繁华街道焦土一片、片瓦无存时，头上筋络暴起，立即叫人将警备司令酆悌、警察局局长文重孚和警备二团团长徐昆三人抓了起来。此三人最后充当了"文夕大火"的替罪羊，被押赴刑场处决，以缓民愤。

国民党政府的"焦土抗战"导致的"文夕大火"，不仅给长沙古城造成了一场空前的灾难，也成了国民党政府罪大恶极的丑闻。

当时在长沙国共合作机构中任职的周恩来怒不可遏，代表共产党方面要求严惩纵火犯。

"文夕大火"后，护校迁到了贵阳，之后又迁到了重庆。

一场大火，也让黎秀芳和同学们彻底看清了谁是祸国殃民者，谁是真正的抗战者。

多年后，黎秀芳再读毛泽东诗词，看着毛泽东畅游长江的照片，读到"才饮长沙水，又食武昌鱼"句时，不仅又想起在长沙的那些岁月，颇为感慨。黎秀芳不禁想起了长沙"文夕大火"余烬背景前站着的蒋介石的照片，站在那块被大火烧得发烫的土地上的蒋介石，何曾会想到以延安为根据地的毛泽东的工农红军，日后能够在全中国取得最后的胜利。

另一处高原——贵州

日本侵略军占领武汉后，几乎没有停留，又兵临长沙城下。为了保证中央高级护校和中央医院人员的安全，上级命令她们离开长沙，继续"后撤"。

她们又一次踏上了向大西南的流亡之路。全国到处都在拼死抵抗日本侵略军的进攻，成千上万的伤员源源不断地运送到长沙和其他暂时还未被侵略军占领的城市。

这一次走的是陆路，坐汽车，目的地是贵州。

撤退的大卡车插满了作为掩护的树枝，车上坐着的穿黄军装的士兵都很年轻，人们叫他们童子军。这些童子军小战士用稚嫩的眼神，看着女学生的队伍，这些刚刚对性别有懵懂认识的男孩子，或许经历这样一场战争的考验后，才会成熟，才会更加珍惜母亲、姐妹以及身边每一位女性；但是，也许他们还未曾体验这一切，就被战争夺去了年轻的生命，如同夭折的雏鹰，再也不能盘旋天空俯视大地。

公路上，到处是被敌人的飞机炸得深深浅浅的弹坑，汽车晚上一律关着车灯摸黑行驶。夜空中，敌人时而亮起飞机上的探照灯，继之就是机关枪的扫射，没完没了的炸弹携带着死神的尖啸落了下来。

贵州是除了黎秀芳将来要生活多年的西北以外的又一处高原，一座又一座的山，连绵不断，路越爬越高，像是要一直延伸到天上去。

十几天后，她们在贵阳市郊一个名叫虎门别墅的山庙门口停下来，她和同学邱婉人、欧莲卿、张开秀被安排挤在同一张地铺上。这是1940年冬天，

天气虽然异常寒冷，但炮火暂时远了。

自中央高级护校从南京出发的 1937 年 11 月下旬开始算起，黎秀芳她们已经在流亡路上整整度过了三年。也正是因为这个原因，有人才把这段时期的中央高级护校称为"流亡护校"。

1940 年，黎秀芳光荣地成为国际护士会(ICN)的成员，那年她二十三岁。

1941 年 4 月，黎秀芳终于从中央高级护校毕业了。时在贵阳阴霾山沟中的中央高级护士学校，依然为它的毕业生举行了隆重的毕业典礼。

毕业典礼之后，校长包艾靖女士亲自把聘书交到黎秀芳的手里，想聘请品学兼优的她留校当教员。

那时教员和学生差别不多，每天忙着到医院帮助抢救和护理伤兵，很少有时间上课，教员们都是在护理的过程中给学生讲解操作技术和常识性知识的。

黎秀芳常常手提一盏纸灯笼，去贵阳郊区农家出诊。弯月，把一个瘦弱的影子印在崎岖的山脊上，她成了一个名副其实的"提灯女郎"。

常常是她出诊完了，已有鸟儿开始鸣叫了。踩着露水走在回去的路上，她会忽然想起南丁格尔小时候，有一次，一只小山雀死了，她用手帕把小鸟包起来，将它埋在花园的松树下，还竖起了一块小墓碑，上面写了墓志铭——

> 可怜的小山雀
> 你为何死去
> 你头上的皇冠
> 是那样美丽
> 但是现在
> 你却躺在那里
> 对我不理不睬
> 不闻不问

黎秀芳跟南丁格尔一样，她爱和身边的小猫、小狗、小鸟儿们聊天，乐于照看它们。只是在贵州崎岖的山路上，没有鸟儿陪伴她，常常是她一个人孤独地行走着。

秘密西行

20世纪40年代初，正处于国共合作、共同抗战时期。黎秀芳的老师和同学们，分布在全国各个抗日战场，以不同的方式，同日本侵略军进行着可歌可泣、气壮山河的战斗。

黎秀芳常常收到很多老师和同学来自全国各个抗日战场的信件，这些信件无不以一种常人少有的激情，叙述着一场开天辟地的有意义的新生活。这一切，都深深地打动着她的心。她在学校、在相对平静的大西南一隅怎么也待不住了。

她又想起在长沙听吴玉章的报告时，吴玉章在台上振臂高呼："青年要争当拯救中华的先锋！""到西北去，保卫我们的大后方！"当时会场上一呼百应，许多人迫不及待地要求到抗日前线去，到延安去，到西北去。

她也想报名上前线为抗日贡献一己之力，可是当她找学校领导谈自己的想法时，慈祥和蔼的校长包艾靖以未毕业为理由，坚决不放她走。那时，包校长就已经有心让她毕业后留校当老师了。

她只好怀着遗憾和羡慕的心情，流着热泪，站在欢送的队伍里，举着小红旗，送走了第一批奔赴抗日前线、奔赴祖国大西北的老师和同学们。

她常常捧读着《南丁格尔传》，体味着南丁格尔心中的苦闷，体味着南丁格尔怎样在痛苦中作出抉择。南丁格尔看到战争给人们带来的不幸与灾难，觉得应该走到人民大众中间去，体恤他们内心的悲苦，而这不也正是黎秀芳想要身体力行的目标和方向吗？

当她读到南丁格尔和美国慈善家塞缪尔·格里德利·豪爵士的对话时，她似乎突然明白自己的理想与使命应该是什么了。

> 南丁格尔问豪爵士："很多人都很轻视护理职业。豪爵士，我很想知道您是怎么看待的。您是否也认为，在我们这个时代里，一个年轻的英国富家女子，抛头露面，去献身医院的慈善护理事业，帮助那些陷于苦痛中的病人，是一种不光彩、不体面的事？"
>
> 爵士沉吟了一下回答说："帮助他人，是一切高尚的人的本分所在。亲爱的费洛伦斯小姐，我很敬佩你想从事护理事业的想法。应当说，你的想法让我感动。这种想法，是异乎寻常的，而且，似乎是冒天下之大不韪，在英国，凡属特立独行的行为，凡属异乎寻常

的举动，就会被别人视为异类，并且往往被认为不体面，不光彩的。但是，以我的个人体会，你的理想必将感天动地。朝前走就是了，不要顾及别人的指指点点，你要拥有雄心壮志。千万别后退，要时刻听从心灵的呼唤！如果你感到救死扶伤这样的生活，是你的天职，值得你全力付出的话，那你就不要犹豫，应当敢于去实践自己的理想，不要过多在意别人的眼光。这样，当你将来进入天堂时，你就不会感到后悔，不会感到这里面有不对之处。而且，你的理想，也终将得到人们的理解和赞美，因为你这样做，不是处于一己私利，而完全是为造福他人。不要放弃你的理想，你的理想怎样引导你，怎样使你魂牵梦绕，你就怎样去着手做吧！"

这些话，黎秀芳觉得似乎就是说给自己的，就是要自己坚定信念，朝前走，不后悔。而且，这也确实是造福他人的事情，是一种善举。父亲不是常常引用古人的话说，平民肯种德施惠，便是无位的公相吗？他还常说慈悲之心乃生生之机，为鼠常留饭，怜蛾不点灯，就是给人一点生机！鼠蛾尚且值得怜惜，更何况是人呢？黎秀芳知道自己该做什么该走怎样的路了，她不再迟疑。

西行的"密谋"在黎秀芳、张开秀、欧莲卿她们三个女学生中进行着。

课余时间，她们到处打听前方的消息。一封封来信，都会让她们无比兴奋。最令黎秀芳高兴的是，她与当时在兰州工作的原护校教员夏德贞老师联系上了。

夏德贞在给黎秀芳的来信中说，西北大后方十分缺乏护理人员和教学人才，像她这样优秀的人才，应该到更需要她的地方去，到大后方去，成千上万的伤病员需要她这样优秀的医护人员，抗战需要她这样的医护人员，危难中的祖国也需要。

一封长达十多页的信，写得激情饱满，任谁看了都会动心。黎秀芳读完之后，心中犹如一块巨石入水，激起了对西北的无限向往。老师在信中还详细介绍了到兰州的路线。此时，她的耳边仿佛又响起了共产党人吴玉章的声音，那充满磁性的声音高呼着："到西北去，到西北去，保卫和建设祖国的大后方，这是你们青年人的责任和义务。"

黎秀芳决定，到西北去。

她拿着夏老师的信给张开秀、欧莲卿看，然后告诉她们她决定去西北。

张开秀读完信,说:"太好了,我也正在这样想呢。"

黎秀芳开玩笑说:"真是英雄所见略同,我们啊,是巾帼英雄。"

"哟,真把自己当成要挂帅出征的穆桂英了?"

欧莲卿说:"不是穆桂英,起码也是花木兰吧。"

"好了,好了,说说到底去哪里?"

"去延安。"

"那可是共产党的天下,你不怕?"

"有人来信说那是进步青年的天堂,是大家都向往的地方。"

"夏德贞老师请我们到兰州去,那里是抗战的大后方,需要建立医院救护伤员。"

黎秀芳、张开秀在西行路上(右二黎秀芳,左三张开秀)

"为什么一定要到兰州去呢?"

"东北沦陷了,华北沦陷了,东南沿海又在强敌的枪口之下。算来,西北就是大后方了。"

"说得也是,夏老师说那里特别需要像我们这样的人。"

她们为自己的决定而高兴,相拥在了一起。

多少时日萦绕在心中的苦闷,似乎消失得无影无踪了,好像在密林中迷路之后,忽然间找到了出路一样,黎秀芳觉得心里一下子亮堂了许多。

很久没去过教堂了,很久没有祈祷了,她忽然有一种强烈地要去祈祷的愿望。她想起小时候母亲经常带她去祈祷的情景。母亲一定会希望她做一个洁白的天使,她仿佛看到了母亲在天国的笑容。

1941年底,黎秀芳和张开秀、欧莲卿三人下定了去西北为抗战救国出力的决心。

那一刻,黎秀芳无比激动。她不知道一百年前南丁格尔在奔赴克里米亚战场的路上,都会想些什么,心情又是怎样的。但她知道当年的南丁格尔一定也和自己此时一样自豪。

决心已定,她们立即把计划变成了行动。首先,她们将每年可享受的三周轮流休假巧妙地凑在了一起。然后,通过黎秀芳父亲的朋友,联系到了去重庆的便车。那时,黎秀芳从家书中知道父亲已被任命为国民政府战地服务团伤病慰问组组长和励志社副总干事,被授予了中将军衔。

从大西南的贵阳直接到大西北的兰州,几乎是不可能的。她们决定先去重庆,再搭乘顺路车去兰州。重庆是"临时首都",到那里找去全国各地的汽车,要方便得多。

在一个风清月明的夜晚,她们三个人悄悄离开了学校,离开了贵阳,搭乘一辆运送伤员的军用卡车,向北奔去,直到汽车爬上颠簸的山梁,三个女子才噙着泪水向在山崖下面的"母校"望去。四年了,她们学会了护理知识,懂得了善良、博爱,以及为护理事业而献身的理念。

慈祥和蔼的校长包艾靖怎么也想不到,她精心挑选留校的这几个品学兼优的高才生,竟会与她不辞而别离开学校。这件事发生之后很久,她才从一封字迹工整的来信中得知,她的学生已奔往陌生的西北高原,去实现年轻人自己的理想去了。

滞留重庆

自 1939 年以来,日本人对重庆进行了长达五年的轮番轰炸,到处都是焦土,到处都是瓦砾,到处都是伤兵,到处都是难民。日本人的轰炸阻止了黎秀芳她们继续西去的行程,她们在重庆滞留了四个月。

刚到重庆,她们就遭遇到一场大轰炸,城市一片狼藉混乱。日本飞机疯狂地把炸弹投向了地面上的一切建筑,学校、医院、工厂、旅馆、民宅、难民营,甚至连外国使馆也遭到了轰炸,死伤无数。

轰炸刚刚结束,黎秀芳、张开秀和欧莲卿就迅速地冲进人群中自觉地开始了救护工作。那时候,死亡寻常得就如同吃饭和睡觉一样,死难的同胞被一卡车一卡车地拉到江边掩埋了。从恐怖到麻木,她们揪心地痛着,战争不是儿戏,战争就是流血,死亡像幽灵一样,一个刚刚死去的人粘在自己手上的血还没来得及擦洗,另外一个人的血又粘上了。

当一个漂亮的十一二岁的小姑娘浑身裹着绷带被抬进帐篷时,黎秀芳再也忍不住了,她哭了,哭得痛彻心扉,哭得天昏地暗。小姑娘肘部的骨头裸露在外面,没有镇痛剂,没有麻醉药,这是天底下最让人无法忍受的残酷。黎秀芳恨日本帝国主义,恨得咬牙切齿。她曾说要是自己是个男人,一定会冲上战场,亲手把日本鬼子一个一个地撕成碎片。

那个漂亮的小姑娘没几天就死了,临咽气的时候,她抓着黎秀芳的手有气无力地说:"姐姐,你就认我做你的小妹吧,我家里的人全都被炸死了,只剩下我一个人孤零零的,现在我也快死了,我想死了以后能被埋在江边,我是在江边长大的,把我埋在那里,或许能找到我的亲人。"小小年龄,说的话却让听者无不动容。如花的生命凋谢了,正值开放的季节,便凋谢了。

多年后,黎秀芳回忆说,如果当时能有几支盘尼西林就好了,那个漂亮的小姑娘或许就会有救的。但当时谁也没有办法,一盒盘尼西林在市面上能换一根金条。即便是有钱,也不一定就能买来,那时候,药品太奇缺了。她还说:"那是我一生所经历的最为痛苦的一次护理。"后来,大家帮忙把小姑娘埋在了江边。

黎秀芳有时独自徘徊在江边,一次又一次想起那个小姑娘,想起她苍白而又娇艳的脸庞。

黎秀芳不会忘记一个叫尧斯的美国医生。她说,从他的身上,她学到了许多东西,学到了一种完全彻底的人道主义精神和在工作中乐观敬业的精神,这种精神让她感动。

尧斯常说,一个好的医生,除了在竭尽全力地减少死亡,减少病人的痛苦之外,还需要敞开心扉,去倾听病人的心声,努力给予他们无限的关爱。他是这样说的,也是这样做的。

黎秀芳记得,尧斯给小姑娘治病时,轻轻地把脸贴近她问道:"小妹妹,我把你治好了你能找到自己的家吗?"小姑娘回答:"当然能。"

"那你告诉我你家在哪里?"

"我家在村子的南边,屋后有竹林,门前有小溪,可漂亮了。"

尧斯回头对身边的护士们说:"听见了吗?记住美丽就记住了家,怪不得小姑娘这么漂亮。"

是的,记住美丽就记住了家。但我们美丽的家园正在被蹂躏、被践踏。

据史料记载:重庆大轰炸从 1938 年 2 月到 1943 年 8 月历时五年半,其中最猛烈的时间集中在 1939 年、1940 年、1941 年三个年份。据不完全统计,日军共出动飞机九千五百多架次,实施轰炸数百次,无数和平居民被杀害,流离失所的人们在被炸毁的街道和废墟间颠沛流离,恐慌度日。在八年的抗

日战争中,中国军队伤亡三百八十多万人,平民死难两千多万人,中国军民伤亡总数达三千万人以上。

日本侵略者妄想用轮番轰炸摧毁中国人的抵抗意志。重庆人民坚守着被毁坏的家园,不休市,不搬迁,在乌云笼罩的城市里,不屈不挠地承受着灾难。面对战争带来的死亡和灾难,这份伤痛中坚强的抗争将成为中华民族永远的记忆。

黎秀芳和她的同学张开秀、欧莲卿早已褪去了大家闺秀的情调,成为一名战士。除了救死扶伤,她们还走上街头,宣传抗日,发表演说。有一次,她曾冒险爬上一座被炸塌了一半的楼房,站在高处用力把传单扔向大街,扔向人群。阳光下,她为自己的凛然大气所感动,她会心地微笑着,那笑容显露着无畏,显露着自豪。

多年后,黎秀芳讲起这些,还开玩笑说,我就像是电影《青春之歌》里的林道静一样,如果我也裹着一条长长的围巾,那我撒传单的样子肯定就更像是林道静了。可我比林道静幸福,她回家了还要面对那个同床异梦的叛徒丈夫,我一觉睡到天亮,连做梦都梦见自己是一个真正的英雄呢。

夜幕降临时,黎秀芳总会来到江边。她相信,黑夜过去就会有光明出现。她忽然想起小时候母亲教给她的一首唐诗:

国破山河在,城春草木深。
感时花溅泪,恨别鸟惊心。
烽火连三月,家书抵万金。
白头搔更短,浑欲不胜簪。

山河破败不堪,满目荒凉,但是,有一种激情始终在她心底激荡着,到西北去……

又一场风波

一到重庆,她们就抓紧寻找去兰州的汽车。然而,在那个混乱时期,找一辆去兰州的顺路车并不容易。

就在她们一边在重庆歌乐山医院帮忙,一边四处找车时,黎秀芳意外地在医院里碰到了自己的父亲。

扛着将星的父亲比过去多了几分威武。父亲惊奇地问她:"你怎么在这个地方？到了重庆为什么不回家？"

黎秀芳没敢告诉父亲她要到兰州去，只是顺从地领着张开秀、欧莲卿跟着父亲回家了。

七月的重庆，闷热难耐。她们在董家溪黎家宽敞凉爽的官邸住了下来。

可是她们自以为天衣无缝的计划，还是被父亲发现了。

一场语调温和措辞却不容回避的谈话，在父女之间展开了。

"你在贵阳当老师好好的，去兰州干什么？"

"我的同学都去了前线，去了西北，我不想在贵阳当老师了。"

"不想当老师，那么我在重庆给你找个工作。现在日本飞机三天两头轰炸重庆，这里也是前线，正需要你们这样的护理人员。"

"不！我想去兰州，那里更需要人。"

"你的年龄不小了。"

"是的，爸爸。"

"该结婚过安稳日子了。"

"我……没想过结婚。"

"西北不能去，你们会受不了那个罪的。"

"我不怕。"

"那的人是骑着骆驼上下班的，你一个大姑娘家又不会骑骆驼。"

"人不会干的事情还很多，不会学吗？"

"那地方草都不长，你将来哭都哭不回来。"

"我要去，我不哭。"

"现在是战乱时代，那里匪患成群，危险，实在太危险了，绝对不能去。"

"我的老师和同学去了好多，那里急需医护人员。"

"现在哪里都需要护士，你看看重庆的伤员，难道不需要吗？"

"我们更应该到大后方去，现在全民都在抗战，我怎么能袖手旁观？"

"胡闹，抗战关你们几个姑娘家什么事？"

"抗战是人人的事。"

"这些娃娃中邪了！"

父亲的反对不容辩驳。

正在这时，继母突患重病。父亲顾不上照顾，黎秀芳只好暂时留在家里，照顾继母和弟弟妹妹们。

一个月后,继母的病好了。黎秀芳又向父亲提出要去兰州的请求。

父亲动情地劝她说:"不是父亲不支持你。兰州那个地方毕竟太远、条件太差了。你在重庆一样是抗日救国啊!"

黎秀芳说:"国家都快灭亡了,我的同学都在最危险最艰苦的地方。你让我留在重庆享福,过安稳日子,我怎么过得下去呢?再说我已经联系好了,怎么能随便反悔呢?"

无论怎么说,父亲就是不同意。

在一个父亲不在家的夜晚,黎秀芳和张开秀、欧莲卿一起,悄悄逃出了家门。她们三个人匆匆忙忙踏上了奔赴西北的路途。好似黑夜里的萤火虫,她们在用一闪一闪的亮,积攒着黑暗前的光明。

为了理想,她们背弃了家人。

为了理想,她们舍弃了平静的生活。

为了理想,她们走向了光明。

为了理想,她们一路向西。

太阳每天都不辞劳苦地升起

黎秀芳她们在重庆耽误了整整四个月。这期间,她们给在兰州的夏德贞老师写了一封信,说明了路途上被阻的原因,并告诉她说如果道路畅通了,她们就一定会如约前往。

黎秀芳父亲的一位朋友,当时在重庆一家医院负责,他曾找到黎秀芳告诉她说:"你父亲说过,很想让你到我们医院来工作,如果你留下来,我也可以照顾你。"

她回答:"我要到西北去。"

"那里太艰苦,你会受不了的。"

"越是艰苦的地方越能锻炼一个人,也越能显示出一个人的本事和能力,南丁格尔要是不到克里米亚的战场上去,能成为南丁格尔吗?"

"那好,我也不强人所难,你到重庆也好长时间了,我一直没顾得上照顾你,今天就请你和你的同学吃一顿饭,祝你们到大后方去开辟一块属于自己的天地,干出一番事业来。"

后来有一天,尧斯医生也找到黎秀芳,他说:"听说你们要到西北去,那里条件会更艰苦,能不能就留在这里?"

主意已定的黎秀芳再一次拒绝了尧斯的好意。

尔后，尧斯来找黎秀芳，告诉她们，有一个医护工作小组要去西北，她们可以一同前行。

她们听到这个消息后兴奋得欢呼了起来。

那是早春三月的一天，早晚出门还很冷，从家里逃出来的姑娘们给自己置办了长风衣和围巾，尧斯又给她们每人送了一副墨镜，说西北风沙大，一定用得着，要学会好好地保护自己。汽车从重庆开出，她们一路唱着《毕业歌》和新学会的《到前线去》、《大刀向鬼子们的头上砍去》等歌曲，一路颠簸，一路歌声，朝着理想和祖国抗战的大后方而去。

同车的人问："哎，姑娘们，你们到西北干什么？"

"去工作，去支援大西北啊！"

"我看你们到像是去游玩的。"

"不会又是一伙投奔八路到延安去的学生娃吧？"

"不是，不是。"当时国共关系紧张，黎秀芳她们立即否认。

"你凭什么说我们不像是去工作的？"

"我的大小姐们，别人工作都是带着压力去的，看你们开心的样子，不像是到艰苦的地方去工作，倒是像要去赴宴的样子。"

"工作有压力，就一定要表现出凄惨悲苦的样子吗？"

"工作是一种谋生的手段。人要生存要活着就得干活，就像马活着要拉车，牛活着要犁地一样，不工作就没得饭吃，是不是？"

"你说得不对，工作应该是一种爱的付出。你把你的青春和生命献给了一个大时代，献给了一个苦难的祖国，献给了需要你去关爱的人，所以工作的感觉应该是快乐的。"

"真是学生娃，你的道理我们不懂，你们说工作是快乐的，那牛为什么不拿鞭子抽它就不好好地犁地呢？"

"人怎么能和牛相比呢？人是高等动物，是有情感的动物。情感知道吗？情感就是你爱别人，别人也会爱你，你付出就会得到回报。投桃报李总该知道吧，你收获的总会比你付出的多，所以工作是快乐的。"

"听不懂。"

"俗话说，受人滴水之恩当以涌泉相报，懂了吗？你看那河水快乐吗？因为它们有目标，它们要奔向大海。有目标地生活着，你就会快乐。"

"还是听不懂。"

尽管许多人不理解她们，但她们心中的目标却非常明确，就是要做一个南丁格尔那样的好护士，到最需要她们的地方去，为最需要她们的人服务。

车到四川万源时，由于特殊原因，她们和车队分手各自上路了。三位姊妹为怎么走还发生了争执。黎秀芳认为走甘肃陇南相对安全一些，可以直接到兰州，张开秀、欧莲卿却认为距离西安很近了，可以绕道西安再去兰州。

最终她们选择了先去陇南，因为这样至少可以摆脱沿路国民党特务的盘查和纠缠。

从万源到陕西汉中，路上断断续续还有便车可搭，可过了甘肃武都，她们就完全靠步行了。她们有时行走在公路上，有时又行走在山间小道上，迷路了很多次，其中一次还差点被向导骗去所有的行李。

1941年底，黎秀芳、张开秀等风尘仆仆来到兰州（1942年夏）。

"朋友们，我们这是在徒步流浪。"

"照这样走下去，不知道要走到猴年马月。"欧莲卿感慨道。

"三五年总会走到的。"

"妈妈呀，那可太恐怖了。"

欧莲卿的话刚出口便有点不好意思，她怕朋友们笑话她意志薄弱，于是接着说："你们别把我的话当真，说不定这是我对恶劣形势的准确判断呢？我们要做最坏的打算，往最好处努力。"

大家又沉默下来，努力地加快了脚步，橐橐的脚步声在空旷的山野传得很远也传得很久，单调而又沉重。

她们谁也不愿意说自己想家，怕思念像洪水一样泛滥开来，浸湿每个人的信念，让它在不经意之间瘫软得一塌糊涂。不行，无论在什么时候，也绝对不能发生这样的事情。

太阳每天不辞劳苦地升起来，她们每天跟随着太阳一路跋涉，用一双娇嫩的脚板翻山越岭蹚水过河。她们甚至燃着篝火在野外露宿。她们不是七尺男儿，她们只是花蕾般刚刚开始绽放的纤弱女子。就这样，她们一步一步、一天一天地走过来了，这需要何等的勇气和毅力啊。

花蕾一样绽放的年龄，她们年轻得甚至谁也不曾有过男朋友。为了梦想，她们毅然走出家门，离开了亲人，离开了学校，她们就像几只离群的大雁，无助与孤独，但是她们确信，她们是在向着自己梦想中的蓝天一步步迈近。

年轻真好，再苦再累睡一觉就全忘了，满怀的梦想和憧憬又会回到心里。

黎秀芳后来回忆说，那段时光其实太幸福了，她们挤在一起像是同一个窝的小鸟，举着火把赶夜路，漆黑漆黑的也不知道害怕，夜鸟的鸣叫好似护送她们的叮嘱；那时候，看见一颗特别明亮的星星，她们就会情不自禁地想到南丁格尔手中的那盏马灯。开花的年龄，诗歌的年龄，被一盏马灯照亮的年龄啊。甚至连睡在老乡家的大通铺上做梦，她们也还叽叽喳喳地说些白天谈论的感兴趣的话。房东老大妈说："这几个百灵鸟一样的姑娘，话神儿似的，一晚上不放屁不磨牙，光顾得说话了。"

黎秀芳说："一路的艰难让我们学会了省吃俭用，时时掐着指头算计着，当然，也为一天天接近心中的目的地而欣喜算计着。我们甚至把老乡给的一颗洋芋也要分着吃。年轻的时候有一个向往，为了这个向往的实现而努力，这种生活尽管很艰苦，尽管历经了千千万万的磨难，甚至还有随时失去生命的危险，但我们没有退缩没有畏惧，而是坚持下来了。好像那时的天特别蓝，树特别绿，白云也像在追逐着理想，跟着太阳一起飘移。有人说过，世界上那些最终实现了自己向往和梦想的人，大都是一些年轻的人，单纯的人，能够潜心做事的人，是心中有热情有理想的人。我们当时那种强烈的愿望，简直可以说是一种激情和冲动。那是让人难以抑制的，也是很幸福的。"说这些话的时候，黎秀芳像是一位战士，也像是一位诗人。

她们在步行途中曾路过一户人家，里面传来一家人的哭喊声。一打听才知道，原来是这家人的女人生产，折腾了一夜，孩子也没生出来。偏僻的村子到哪去找一个大夫或者是接生婆呢，一家人无奈，眼看着大人小孩两条人命危在旦夕，却没有一点办法，只好抱头痛哭、听天由命了。

"老乡，出什么事了？"

面对突然闯进来的几个女学生，一家人一时愣住了。

"你们是什么人？"

"我们是路过这里的护士。"

"护士是干啥的？"

"护士就是大夫。"

几个姑娘都没有正式接生过，但她们毕竟是受过正规训练的专业护士，从书本上学过很多遍了。

老大娘恍然醒悟，拍着大腿激动地说："我的天啊，你们是菩萨派来的送子娘娘，是观世音显灵了，快，快，傻儿，招呼姑娘坐。"

"大娘您说说现在是啥情况？"

"我儿媳妇要生了，折腾了大半夜了。"

"快让我们看看。"

经过检查，她们几乎同时判定孕妇是胎位不正引起的难产。

"怎么办？"

"和人家商量一下，争取保住大人。"

于是，黎秀芳对这家人讲："情况比较严重，现在看来，只能是保住一个了，要么大人，要么小孩，你们说怎么办？"

"能保一个就好，大夫们全靠你们了。两个若能都保住，我们全家人给你们磕头烧高香。"

"头不用磕，香也不用烧，赶快去烧一盆热水。"

经过两个多小时的紧张抢救，奇迹出现了。当黎秀芳倒提着小孩"啪啪"拍打几下后，孩子的哭声霎时就传遍了那个小小的黑暗茅草屋，那刚刚做了母亲的女人哽咽着语无伦次地说着感谢的话，那个老大娘带着全家人齐刷刷地跪在地上千恩万谢。那一刻，黎秀芳她们的眼泪也不由自主地涌出了眼眶。

"菩萨啊菩萨，你们可不能走。傻儿，快去把那只老母鸡杀了，给恩人们弄点吃的。"

"不了，老人家，我们还要赶路呢！"

"不急，不急，今晚无论如何都要住在我们家。明天让老头子用毛驴车送你们一程。"

"那怎么行呢？"

"那怎么不行呢？"

"你看，对于我们来说也就是举手之劳。"

"但对于我们来说就是天大的恩情。"

"老人家，可不敢这样说。"

一家人拽着她们的衣襟不让走，特别是他们家一个十多岁的小姑娘，说一定要跟着她们去学护士。无奈，几个人只好住在了老乡家中。

她们在这个老乡家住了一夜。第二天，老人家赶着毛驴车，把她们送出了五十里地才恋恋不舍地告别。

她们尝到了救助生命的快乐。黎秀芳一生救助和护理过无数的病人，她说，每次都感觉到快乐，每次都感觉到幸福，但每一次的感觉又都不一样。

第四章　似火年华留春暖

兰　州

1941 年 12 月的一天,黎秀芳她们踏上了兰州的土地。虽然她们已经做好了充分的思想准备,但是,第一眼看到兰州,她们还是吃了一惊。她们从车上下来,一眼望去,四周是起伏连绵的荒山,空气中弥漫着浓重的土味。正是严冬,本来就很稀少的树木早已叶落枝枯,不见一丝绿色。路上的黄土足有几厘米厚,一脚踩下去,立即冒起一团烟尘。风把黄土扬起来,迷得她们睁不开眼,就连面对面的人也看不清。

来迎接她们的那个土头土脸的人,只顾望着她们笑,嘴里反复说着欢迎的话。

城区的景象,同样出乎她们的意料。

狭窄的街道两旁, 看不到三层以上的楼房。一片片泥墙泥顶的土坯房子,让人不敢相信这就是兰州城,倒更像是荒僻的乡下村镇。

一路上,不时看见写有"牛肉面"、"羊肉泡"、"灰豆子"等字样的蓝布幌子。街上行人不多,男人们的头上大多戴了一顶白色小帽,女人们的头上则都包着一条纱巾。扎顶篷的木板车,被骡马或是毛驴拉着,在街道上穿梭。一群羊在车前若无其事地走着, 任凭司机一声连一声按着喇叭, 也不肯让路……

欧莲卿说:"这哪像一个城市,连重庆的一个集镇都不如。"

黎秀芳说:"当初就说西北穷,环境艰苦,现在后悔了吧?"

"后悔倒谈不上,就是出人意料。"

"出人意料的事情很多,我们能偷偷离开学校、离开家,就出人意料;我

050

们辗转千里,流浪汉一样来到这里,更出人意料。"

张开秀插言说:"就是,经历过的一切,想想就和梦一样。"

"我们当初的誓言还记得吗?我们是为了信念,是在追求一种理想,不是瞎闹着玩。要学南丁格尔是不是?南丁格尔肯定不会后悔。如果她要后悔,她就不会成为南丁格尔。"

"我们可不能在这节骨眼上放弃。"

"就是,那样我们不成逃兵了吗?"

欧莲卿说:"我可是逃婚,不是什么逃兵。"大家都被逗笑了。

接待的人把她们带到了一个挂有红十字小旗的医院门口,这就是她们此次行程的目的地,正在筹建中的国民党兰州中央医院。

说是中央医院,可因为是筹建期间,条件相当简陋。

1942 年的兰州,远比父亲在重庆官邸告诫她的情境更严重。城市中六万居民全都住在破旧的土坯房里。

黎秀芳她们三个人住在墙皮脱落的土坯房里,报纸糊的顶棚上,大白天都能听到老鼠跑窜和吱吱的叫声。顶棚上老鼠吃糨糊,把顶棚啃出一个个小洞。夜里,时常发生老鼠失足掉到床上的事,吓得她们一个个每晚都用被子紧紧蒙住头,生怕老鼠掉下来。

每逢下雨天,外面下大雨,屋里就下小雨,她们只得在床铺高处撑起一块油布,听着滴答滴答的漏雨声,慢慢习惯,渐渐入睡。

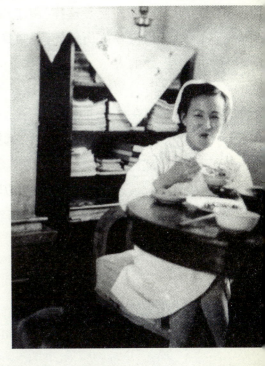

每天常吃的是碜牙的黑面馍,放在嘴里一嚼,就有"咯吱咯吱"的响声;土豆、萝卜蘸粗盐成了她的日常菜。简单的生活,也过得有滋有味。

每天最常吃的是碜牙的黑面馍,放到嘴里一嚼,就有"咯吱咯吱"的响声。土豆、萝卜蘸粗盐成了她们的日常菜。

刚开始,她们都咬牙挺着,时间一长,热血在渐渐冷却,热情也慢慢消退了。

怎么办?她们每天都反复在心里问自己。

"怕苦了吗?是不是应该回去?"

"不!再苦也得干下去。再说,我们不就是为了抗战,为了改变这里贫穷

落后的面貌而来的吗？"

"可是，能坚持得住吗？"

"能，一定能！"

黎秀芳再一次重读了《南丁格尔传》，她需要力量。家庭富有、幼年生活极为优裕的南丁格尔，从英国奔赴克里米亚战场，战争日甚一日地损坏着她的美丽和健康。英国驻土耳其大使的妻子史特拉夫人，提起她在一场圣诞舞会上遇见南丁格尔的情形："当我见到眼前的南丁格尔，心里难过得说不出话来，她那么瘦削、那么疲倦的样子，叫人望之生怜。不久前因患热病而剃掉的头发，此时已长出一头短短的褐发，像个小女孩一样。她身穿黑色的长裙，女王赠予的胸章是她唯一佩戴的饰品，头上还戴了一顶白色的小帽。她看起来是那么虚弱，沉默地坐在沙发上，不参加任何活动……"

即使是这样，南丁格尔依旧坚定地说："除非战乱平息，除非这里没有任何一位伤病员，否则我绝不能离开这里。"她用这句话，拒绝了所有关心她的人。

黎秀芳暗下决心，一定要在这里实现自己和南丁格尔一样的梦想，一定要在这里干出个样子来。

遮天的黄尘之中，远处笼罩着的红光，那就是太阳。这个满目疮痍的城市，是多么需要医治啊。

这一天，站在黄河边眺望着两岸连绵起伏的荒山，天地之间的黄河浩浩荡荡，她们三个人的心情忽然变得激动起来。为了理想与信念，她们历经千辛万苦，辗转跋涉，才终于来到了兰州——就是脚下流淌着混浊的黄河水的这座城市。难道从这儿刚刚开始的理想，又要从这儿破灭吗？

黎秀芳说，她当时还不会唱《黄河大合唱》，要是会唱，她一定会放开喉咙唱

解放前的兰州

的。那气势磅礴的《黄河大合唱》，唤起了多少青年的热血。直至今日，又有谁听到这激荡的旋律能不激动：

> 风在吼，马在叫，黄河在咆哮
>
> 黄河在咆哮
>
> 河西山冈万丈高
>
> 河东河北高粱熟了
>
> 万山丛中抗日英雄真不少
>
> 青纱帐里游击健儿逞英豪
>
> 端起土枪洋炮
>
> 挥动大刀长矛
>
> 保卫家乡，保卫黄河
>
> 保卫华北，保卫全中国

在黎秀芳兰州军区总医院故居的墙上，挂着一张她初到兰州时的相片。那年她二十四岁，风华正茂。一张秀气的脸，一双富有神采的眼睛，皓齿微露，皮肤白皙，一头乌黑的头发拢在脑后，一件蓝底白花的斜襟布衫显得朴素大方。

年轻时的黎秀芳

当时卫生领导机构有两个系统，一是直属国民党中央卫生署，一是当地政府卫生领导机关。西北专员总署是国民党中央领导西北卫生工作的最高机关，下设有西北防疫处、西北卫生人员训练所、西北兽医学院、西北医院。地方政府卫生领导机关是卫生局，下设省立医院、省立助产学院，还有一个公路局医院。另外，还有黄河北的福音医院、畅家巷的天主教医院和五泉山下的基督教医院，共计三所教会医院，全由外国人管理。据了解，当时兰州的卫生机构和医院的设备很简陋，医务技术干部奇缺。甘肃护士学会统计，正式护士和学校毕业的护士总数还不到四十人。她们多数是怀着一颗爱国之心，不怕风沙严寒，不顾生活艰苦，从外地来到西北的。当时的兰州

由于长期受宗教封建集团的统治,交通闭塞,文化落后,斑疹伤寒、回归热、麻疹、天花等恶性传染病流行猖獗,人民贫病交加,健康水平极差,人口死亡率很高。

兰州中央医院直属于国民党中央卫生署,院长是张查理,夏德贞老师担任护理部主任。

夏德贞热情地鼓励黎秀芳她们三人说:"我们大家都很幸运,因为我们遇上一个可以成就我们事业的时代。只有经历过战争的医护人员,才会知道自己存在的重要意义。你们已经经历了兵荒马乱,经历了敌人的狂轰滥炸,我读了你们在重庆时的来信,知道你们很坚强,否则,一定不会走上今天这条路的,大家说对不对?"

"老师说得有道理,我们不是弱者,更不会是逃兵。"她们回答得很坚定。

医院病床缺少棉垫棉被,黎秀芳就和同事们一起自己动手缝制。没有清洗做实验仪器的自来水,她们便到两华里以外的黄河边用桶抬水,放入明矾澄清后使用。

1942年1月13日,还在筹建中的医院迎来了第一位急需做剖腹产的难产病人。黎秀芳在院长张查理的带领下,利用十分简陋的医疗设备,顺利迎接了一个小生命的诞生,同时也迎来了自己在西北医护事业的开始。

这一天,似乎以救助病人这种特殊的方式为医院剪了彩。相比于现在盛行的走红地毯、挂条幅、放气球、来宾讲话、领导剪彩等仪式,这所医院的诞生方式更值得后人纪念。

黎秀芳在兰州中央医院护士学校(倒数第二排中)

医院一天天有了规模。兰州中央医院就是现在的兰州军区总医院的前身,是兰州当时最有名气也是医疗条件最好的医院。尽管这样,医院当时最大的建筑就是一个礼堂,里面安置了几百个伤兵。黎秀芳每天就在那里开展她的护理工作。

几乎每天医护人员都累得半死，有些人实在坚持不住就离开了。医院的护士更缺乏了，万般无奈，医院只好临时雇用一些学生和妇女。这样，黎秀芳她们不但要完成每天的护理工作，还要负责给那些临时雇用的人员教一些基本的护理常识和技术。

1942 年到 1943 年，日本侵略者对我国所有的抗日根据地进行疯狂的"清乡"与"扫荡"，每天都有源源不断从各地转来的伤兵。医院里早已没有了床位的概念，走廊里到处都横七竖八地躺满了伤兵，伤兵的不安与烦躁搞得空气时常很紧张。

在那段艰苦的日子里，对黎秀芳来说，她唯一的精神支柱差不多就是每天晚上坚持读《南丁格尔传》了。在四面漏雨的土坯房里，在十几个人挤在一起的大通铺上，南丁格尔始终陪伴着黎秀芳。

南丁格尔说："所谓凡事均有'使命感'是怎么回事呢？我认为是这样的，即为达到你自己认为的'最正确、最完善'的崇高理想而去完成工作，而不是由于不主动，被人'提醒'才去干。"黎秀芳牢记着这句话。

使命感是一种义务，也是一种精神，这是需要投入巨大的热情才能完成的。黎秀芳就是在这种使命感中练就出了一种处变不惊、平静如水、果断刚毅的气质的。

在西北第一所公立职业高级护士学校任教

1943 年的一天，正在病房抄写病历的黎秀芳被叫到了护理部主任夏德贞的办公室。

"黎秀芳，中华护士学会总会为了开发西北的护理教育事业，决定由我院创办西北第一所公立职业高级护士学校，学校的首任校长由我担任，想聘任你为兼职护理教员，希望你能来协助我筹备这所学校。你同意吗？"夏主任问道。

中华护士学会成立于 1909 年，1922 年 5 月 22 日加入国际护士会。从 1925 年到 1947 年，中华护士学会五次选派代表参加国际护士大会，多次同世界各国护士进行过国际交流。

黎秀芳一听高兴极了。"太好了，早就应该有一所这样的学校了。愿意，我愿意！"黎秀芳连声答应。她想，这下就可以培养出更多的白衣天使了。

"可办学校并不是一件那么容易的事。"

"我知道万事开头难的道理,不过再难我也不怕,咱们要是有这样一所学校,就再也不缺护士了。"

"还需要几个人加入到筹建小组中来,你推荐一下,看谁有这份热心,适合干这样的工作。一要人品好,二要踏实肯干,三要业务上强。"

很快,黎秀芳、张开秀、邱婉人、欧莲卿还有另外四五个人一起,开始了护校的筹建工作。

"咱们从哪里干起呢?"

"当然是先建校舍。"

几个人四处奔波,她们在兰州小西湖附近找了个遍,也没有中意的房子,太贵的租不起,便宜的又不能用。没办法,最后只好把中央医院的一间仓库做了教室。没有黑板,她们就找块门板涂上锅底灰;没有粉笔,她们就动手用消毒的白石灰做。那些日子,她们几个蹭得一会儿是黑脸,一会儿是白脸,如同唱戏的一般。累是累,互相看着一张张黑脸白脸光顾着乐啦。课桌是两用的,白天用来上课,晚上摊开被褥铺在上面睡觉。

一番努力后,她们终于在仓库门前挂上了"兰州中央医院附属高级护士学校"的牌子。

黎秀芳参加中华护士学会会议合影

黎秀芳对前来检查的夏德贞校长说："经费紧张，能凑合就凑合了，重要的是要有学员和一些必要的设备。没有实验室，最起码得有课本，没有课本，最起码得有一些教案，不然招来学员怎么教？"

她们一边筹措教学设备、办公用具，一边拟定学校的规章制度，加班加点写教案备课。大家商定，先写一个招生简章，一边分头去街头张贴，一边分工写教案，力争在十日内开学。

在筹建西北高级护士学校期间，黎秀芳经常自己动手编教材、写讲义、刻蜡版。

兰州的大街小巷很快贴出来很多红纸，"招生简章"四个大大的毛笔字很是醒目。"招生简章"贴出去了不少，但是却没有一个人前来报名。那时候，很多兰州市民都不知道护士是干啥的。

于是，黎秀芳和张开秀分头带领一些护士，身穿统一的护士服，上街去给人们解说和演讲。这可是件新鲜事，围观的人很多，这些白衣白帽的姑娘真漂亮，大家觉得很新奇。可是，口干舌燥地讲完了还是没有人报名。

"老百姓不懂得啥叫护士，不了解这个职业。"

"不对，我们说得够明白了。"

"那就是这个职业不被理解，我当初在南京考护校时，人家就说这是一个贱行业，是侍候人的。"

"不也给大家解释了吗，护士就是医生的助手，这也是给大家一个报效国家、支援抗战的机会。"

"讲大道理没用，我们可能选错宣传的地方了，听我们演讲的除了一些看热闹的老百姓，再就是伤兵、难民，谁关心这个！我们应该到女师、女高去，她们才是我们宣传动员的对象。"

"对啊，应该到学生中间去宣传，让她们知道当护士也是一种爱国行为。"

"还应该动员一些能吃苦的农村女孩，教她们学一门技术，这也是给她

们一个谋生的手段。"

"地方人办地方的事，我们总归要走的。"

黎秀芳说："我来了就没打算走，这儿就是我的家。"

自从来到西北，黎秀芳已经忘掉了自己曾经是大家闺秀，她只知道，西北需要她，她要留在西北。

经过半年多的紧张筹措，总算有了第一批五名学员。1943 年 11 月，学校举行了简单的开学仪式，一串鞭炮响过，就开课了。

黎秀芳被聘请为兰州中央医院病房的护士长兼这所高级护校的教员。这是在其他任何学校中都不曾见过的教员，一个需要自己动手刻蜡版、印讲义、用黄泥团搓粉笔、用自己薪水为学生购买煤油灯、到大街小巷贴"招生广告"的教员！虽然只有五名学生，黎秀芳仍然信心十足，毕竟有学生了，并且可以正式上课了。她相信，虽然暂时学生不多，只要把学校坚持办下去，把教学水平提上来，第二届、第三届、第四届……就会有越来越多的学生报名的。

在护校教学工作中，黎秀芳如鱼得水，她一心一意为培养西北地区急需的护理人才，默默地奉献着。

有一件事，黎秀芳一直深深记着。一天，一个青年人带着几个壮汉突然闯进了学校，不分青红皂白，就把一个女学员拖出教室，又打又骂。正在上课的黎秀芳冲上前去拦住那些人说："住手！你们是干什么的？"

"我找我媳妇回家！"

"找你媳妇回家也不能又打又骂，谁知道是不是你媳妇呢？！"

"说啥？你问她自己！"

"小妹，咋回事？"

那女孩哭着啥也不说。黎秀芳和师生们眼睁睁地看着他们把那位学员给带走了。

后来黎秀芳了解到，那位学员从小就被卖到了那一家，是那家人的童养媳。她十分向往当一名天使一样的女护士，便乘家里不备逃了出来，谁知最后还是被抓了回去，等待她的生活可想而知。这件事让黎秀芳感慨颇多。在那个时代，没有自由的中国妇女，生活在黑暗与屈辱之中，尤其在偏远的西北地区，妇女的命运更是悲惨，她们甚至会像牲畜一样被买卖。贫穷和落后，使她们被剥夺了做人的最起码的尊严。

困难像一座座的大山

学校终于开课了,可是一个个困难依旧像一座座的大山,挡在黎秀芳她们面前。

首先是粮食问题。中央医院本身粮食供应就十分紧张,对于这样一所刚刚成立的公立职业高级护士学校,政府还没有相应的计划划拨给养。学校正在筹备当中,建制尚不完全,战乱加上连年自然灾害不断,粮食和药品一样,都是紧缺的战备物资。

经过多方努力,学校通过宋庆龄的保卫中国同盟会,争取到了一些捐助西北的大米和面粉,这是她们从当时保卫中国同盟会所实施的"西北计划"中争取来的。

黎秀芳一向仰慕宋庆龄。早在 1936 年 5 月 31 日,马相伯、宋庆龄、何香凝等人在上海宣布成立全国各界救国联合会,发表宣言,通过《抗日救国初步政治纲领》,并向全国各党派建议,成立一个统一的抗日政权。当时蒋介石奉行"攘外必先安内"的不抵抗政策,弃民族大义于不顾,以"危害民国"的罪名逮捕了救国会领导人沈钧儒等七人,史称"七君子事件"。

宋庆龄当即表示愿与七君子一起入狱,以明其志。她携带着一只大皮箱,手里拿着一把纸伞,准备前往苏州入狱的照片刊登在报纸上,感动了许多中国人,特别是青年学生。宋庆龄发表了《救国入狱运动宣言》:"我们都是中国人,我们都在抢救这危亡的中国。爱国的中国人绝不是沈先生等七个,而有千千万万。中国人心不死,中国永不会亡……"这更让黎秀芳的心情难以平静。黎秀芳在课堂上慷慨激昂地给学生们大段大段地背诵着,她的热血、学生们的热血,和这个国家的热血一起奔涌着。

护校得到保卫中国同盟会的支持,黎秀芳对宋庆龄更加尊敬了。

黎秀芳忽然想起那位挨打的童养媳学员,再想想自己,同为女性,命运为什么会有如此大的差别?黎秀芳不由得握紧双手,她知道,自己已经把自己的命运握在了手里。她记起那个传说中"芝麻开门"的故事,她感觉自己就是那个念叨着"芝麻开门"的幸运的寻宝人。现在,门已经为她敞开,而宝贝,似乎也垂手可得了。

粮食问题解决后,学校迅速扩大规模。首先是集中培训中央医院的护士,接着又为兰州的其他几所医院代培护士,另外还积极扩大招生,先后成

立了初级班、高级班和培训班三个层次的学员班。

学生多了，困难也就更大了。在夏德贞校长的倡导下，全体教职人员省吃俭用。黎秀芳和张开秀曾拿出了自己的积蓄为学校购置教学设备和办公用品。学校食堂缺少灶具，黎秀芳就用自己积攒的钱去购买。

夏德贞校长在倡导动员会上讲：

同学们，你们说"天下兴亡"的下一句是什么？……不，是"我的责任"。"天下兴亡，匹夫有责"等于大家都无责。把"匹夫有责"改成"我的责任"就对了。南丁格尔大家应该都知道，她就是抱着这种"我的责任"去工作的。没有"我的责任"，工作就不能主动，就没有动力。没有"我的责任"，心中装的就不是一个国家，一个民族，就没有民族兴亡的概念与义务。目前我们的国家内忧外患，强敌欲取我中华，国难当头，我们应该把责任揽到自己头上。每个人只要牢牢地记住天下兴亡是"我的责任"，我们就一定能团结一心，战胜困难，把日本帝国主义赶出中国去。大家说对不对？

台下的同学们一边大声回应着校长的问话，一边拼命鼓掌。校长的话，就像是一颗石子投进了原本平静的池水中，课堂上气氛热烈极了。

好了，同学们，懂得了前面的道理，下一步我们就应该知道，我们在这里来求学是为了什么？我们来这里求学，就是为了"我的责任"，是为国家而学，是为了利他、利群、利国、利民而学。我们这个多灾多难的民族，我们这个风雨飘摇的祖国需要我们。你们必须好好读书好好学习，只有这样你们才是爱国者，否则你们就不是爱国者，那么就很有可能成为叛徒和汉奸。

原本热闹的会场一下子陷入了沉寂，每个人的呼吸似乎都急促起来。

战士有了我们会减少死亡，会多几个杀敌的勇士；百姓有了我们会减少疾患，身体强壮多生产一些粮食。祖国就是我们的母亲，再穷你也不能嫌弃她。那么，同学们拿出我们的责任，拿出我们的义务，拿出我们的爱心，为我们的护校做一些力所能及的支持吧，有钱的出些钱，有力的出些力。爱国不分大小，先把你们手头的工作干好了，作为学生，国家花钱培养你们实在是不容易，你们学好了,就是爱国……

会后,黎秀芳悄悄地对张开秀说:"夏大姐有点像共产党。"

张开秀问道:"何以见得?"

黎秀芳回答说:"我敬佩他们的精神,还记得我们在湘雅医学院听吴玉章演讲的事吗?吴玉章讲'天下兴亡,匹夫有责',夏大姐跟他讲的一样,让人听得热血沸腾。"

在这之后不久,护校忽然烧起的一场大火,险些断送了黎秀芳她们为护校所做的一切努力。

当时,正带着学生在医院实习的黎秀芳忽然发现,护校方向升起一股黑烟,她下意识地说:"不好,护校着火了!"随后,就隐隐听见了从护校方向传来的呼救声。

没有人命令,也没有人动员,所有的医护人员和学员全都迅速地奔向火灾现场,连一些受伤还没有痊愈的战士,也加入了救火的队伍中。水桶、脸盆甚至连刷牙缸子都用上了,可是人多太乱,火越烧越旺。情急之下,黎秀芳喊道:"大家从井上到教室排成一线,把水桶集中在井边,把洗脸盆集中在教室前。千万不要乱!"曾经历过长沙"文夕大火"的黎秀芳,这一次从容镇定多了。这一次救火,也充分展示了黎秀芳出色的组织与应变能力。

这场火灾最终没有造成太大的损失,夏德贞校长为黎秀芳申请了嘉奖,她还被提升为医院护理部副主任。

可是困难接踵而来。就在黎秀芳满怀信心从事护理、教学工作的时候,她的同学和朋友们,却一个个离开了兰州,就连当年和她一起费尽周折、从贵阳绕道重庆来到兰州的好朋友好同学欧莲卿也走了。

欧莲卿的离开,对黎秀芳是一个不小的打击。不过,黎秀芳还是坚决地留了下来。

高级护校成立的第二年,当年写信告诉黎秀芳大西北需要护理人才、动员她来兰州的老师、护校校长夏德贞也要离开兰州,去重庆办医院了。

临走前,夏校长问黎秀芳,愿不愿意跟她一起去重庆?

黎秀芳对夏校长说,她舍不得刚刚办起的护校,舍不得她热爱的教师工作,舍不得她的学生。

黎秀芳依依不舍地送走了老师夏德贞,自己仍然留在了兰州。夏老师走

后,当年跟黎秀芳一起来到兰州的南京高级护校的老师和同学,只剩下她和她最要好的同学张开秀两个人了。

父女重逢

1945年8月14日,日本宣布无条件投降。

9月2日,正式举行了投降签字仪式。

9月3日,成为中国人民抗日战争胜利的纪念日。

抗日战争的胜利极大地鼓舞了全国人民。这个具有重大历史意义的胜利,使人们看到了触手可及的和平,举国上下一片要求建立一个独立、自主、民主、统一、富强的新中国的呼声。黎秀芳憧憬着自己的护理工作,将会给更多的家庭带去健康与快乐。

就在这时,上级通知兰州中央医院附属高级护士学校,让他们派一个业务能力强的教员,去北京协和医学院护理师资专修班进修两年。学校决定让黎秀芳去。

战争期间,北京协和医学院搬迁到了成都华西大学院内。这是一所黎秀芳向往已久的著名医学院,满怀即将抗战胜利的喜悦,她高高兴兴地上路了。

前来接站的朋友告诉她说:"你父亲的慰问团也在成都。"

"真的吗? 他们住在哪里?"

"听说住在文殊院。"

"快走,我都五年没有见到他老人家了。"

她们坐车直驱文殊院。一路上,黎秀芳眼睛里噙满泪花,她太想念父亲和弟弟妹妹们了。

父亲对每一个孩子都很疼爱。母亲去世后,父亲是又当爹又当娘。续娶的二娘产后血崩,撒手人寰,父亲又把模斌和模均接到身边,他们现在也已经都是二十岁出头的人了。

黎秀芳自从1941年偷偷地离家北上,就再也没有见到过父亲。战争阻断了邮路,可是阻不断思念的亲情啊。她不断地想象着父亲的模样,父亲背着手踱步的姿势,她甚至都听见父亲的笑声了。

一念至此,泪珠从她的脸颊悄然滑落。在这个世界上,难道还有比骨肉亲情更亲的吗?

文殊院到了，黎秀芳的脚步放得很轻很轻，就像是小时候放学回家生怕惊动了午睡或是正在沉思的父亲一样。

她停住了脚步，父亲低着头看书的身影依旧，头发却全白了。她心里刀割一样地难受，愣愣地伫立了半天。朋友说："进去呀，干吗这样看着自己的父亲，又不是陌生人。"

朋友的声音惊动了父亲。父亲慢慢地摘掉老花眼镜，怔怔地问道："是韫儿吗？"他语气迟疑，像是在梦中一般。

"爸爸，是我，是您的韫儿来看您了。"黎秀芳手中提着的行李"啪嗒"一声掉在了地上，她扑上前去，跪在父亲膝前。

"韫儿，真的是你！"父亲倏然站起来，伸出双手，紧紧地搂住了黎秀芳的肩膀。

黎秀芳在父亲膝前放声大哭起来。

"孩子，别这样，都老大不小的了。"父亲抚摸着她的头，安慰道。

"爸爸，我……"

好半天，黎秀芳还在抽噎着。

"韫儿，你怎么来成都了？"

"我是来协和医学院师资班进修的。"

"上次接到你寄的家信，知道你在西北的医院都当主任了，还好吗？"

"好，一切都很好。"

"我知道你一定不会差的，你自小就事事争强处处好胜。"

"我是不是太认死理了？"

"不，孩子，不说过去的事了，将来你一定会干大事的，不要像父亲这样。"

父亲说着拍拍自己的肩章，接着说道："文不像文，武不像武。靠了一棵树，谁知有刺；靠了一座山，谁知将崩。悲哉斯人，悲哉斯人！"

抗战胜利了，国内的形势却是山雨欲来风满楼，时局动荡，内战将起。父亲追随蒋介石多年，却越来越不明白蒋介石意欲何为了，这让他更加茫然无措和忧虑不安。

从父亲苍老疲惫的脸上，黎秀芳读出了无奈与苦涩。

父亲在他当时的日记中写道：

张翰思归那计秋,诵君佳句解人愁。

渔歌何幸邀青眼,樵唱无端感白头。

耻获一官遮日去,惆怅心渐难回首。

梦兰尘裹诗囊伴,莫让浮云入小楼。

……

父亲似乎在反省着他的一生,自己和女儿谁走的路对呢？中国当下的政局似乎越来越向着女儿所选择的方向倾斜了。在为自己悲叹的同时,父亲隐隐之中还有着一丝慰藉,如果历史证明自己错了,那么不也证明了女儿是正确的吗？

当黎秀芳的父亲写下"耻与为官扶帮凶,卫国无术赋闲愁"的诗句(摘自《黎离尘文集·日记》)时,他是悲愤的,也是无奈的。

此刻的父亲像是要重新思考人生,思考命运,原本瘦削的他,面庞的棱角更加刀刻般地分明了。黎秀芳望着父亲,心酸地意识到父亲老了。

起风了,父亲走到窗前关好窗户,回过头来说:"孩子,人生无对错,只是走的路不同而已。选择了信仰,也许才能真正读懂人生的况味。"

黎秀芳说:"是的,我已经选择了要终身从事医护事业。"

"那不是信仰,只是谋生的职业。"

"那什么是信仰？"

"信仰就是你为之奋斗一生的终极目标,比如孙中山先生的三民主义。"

"是不是还有共产党的共产主义呢？"

"是的,'目短于自见,智短于自知',人大都是因为看不清自己而迷茫。《韩非子·喻老》中有这样一段故事:楚庄王想要伐越,杜子进谏说:'王之伐越,何也？'王回答说:'政乱兵弱。'杜子说:'臣患智之如目也,能见百步之外,而不能自见其睫。'人的才智就像是眼睛一样,可以看见百步之外,却看不见自己的眼睫毛。楚庄王看到了越国的乱和弱,却看不到自己国家的乱和弱,好一个糊涂的君王。"

"父亲,您怎么会这么想呢？"

"人不能太自以为是,我们自以为了解最多的,其实也许是最少的。孩子,选择信仰要慎重,最好不要有什么信仰,那样你活得会轻松一些。"很久以后,当黎秀芳加入中国共产党、举起右手宣誓的时候,她才明白,父亲那时的忧,是忧国民党之忧。

夜深了,黎秀芳轻轻地解下自己宽大厚实的围巾,盖在了父亲的膝盖上,父亲宽慰地一笑。或许他不曾想到,他这一笑,将要陪伴女儿的一生。

身为长女,不能时时侍奉在父母身边,黎秀芳常常觉得内疚。她也想跟别人一样,厮守在老人身边,做一个孝顺乖巧的女儿。

夜幕中,星星一闪一闪,黎秀芳又想起母亲离去的那个夜晚,还有无数个孤独寂寞的夜晚,星星也是这样一闪一闪,像灯。

黎秀芳又一次想起南丁格尔,她就是在这样的夜晚,提着一盏灯,在黑暗中行走。黎秀芳走出屋,抬头望去,南丁格尔的身影消失在了星群的后面。她清楚,在那星群的后面,还有着更为广阔的天空和更为灿烂的星群。

黎秀芳在想,父亲是理解和支持自己的。

那一夜,黎秀芳彻夜未眠,她守候在终于疲惫地睡着了的父亲身边,满怀幸福地望着父亲。看着老了的父亲反倒像是个孩子一样,黎秀芳想着如何能给父亲更多的爱。

星星一闪一闪,像灯。不是一盏灯,是无数盏灯。

黄土深情

协和的设备、条件在全国都是一流的,黎秀芳在那里除了接受专家的指导之外,还能接触到许多图书资料,这对她来说无疑是一次难得的学习机会。

黎秀芳对业务知识如饥似渴的钻研精神,让许多专家和教授都很感动。

在协和医院学习期间,她曾收到远在兰州的中央医院院长张查理的一封信。这位曾留过学、有着丰富医院管理经验的医学专家在信中说:"有一家美国杂志,正在征集医疗保健方面的论文。我替你承担下了其中关于营养学方面的选题,你不反对吧?有什么困难,我会帮助你的。"

在兰州中央医院的时候,院长张查理就有意培养她,除了辅导她的业务知识,还提供一些医学资料让她研读。

营养学是研究营养与生物健康关系的一门科学,属生物学分支。人体营养学是研究营养与人体健康关系的一门科学,属预防医学的范畴。而医学营养学就更复杂了,它是研究正常人的营养与其健康的关系,病人的营养缺乏、疾病防治和康复措施,以及食品安全等诸多问题的学科。

一个病人生什么病,饮食上也应该有相应的补给,营养跟得上,恢复起来就快。中国人讲究药食同源,凡膳皆药,就很有道理,这是最早的、最原始的营养学的理念。

张院长曾说过:"一个人每天需要喝多少水,需要摄入多少维生素,需要多少数量的糖,都有科学的依据。往小说关乎一个人的身体健康,往大说则关乎一个民族的素质问题。"

张院长的话深深地打动了黎秀芳。我们这个多灾多难的民族还很落后,营养学对于大家来说是一门很新的学问,很有必要去普及与推广。

黎秀芳知道,这是张查理院长给她的机会,是对她学习的一次检验。

她回信答应了。

解放战争的枪声越来越近。黎秀芳近乎折磨自己似的加倍刻苦,除了进修学习以外,她把所有的精力都投入到营养学的研究上面。

为了更好地完成营养学论文,黎秀芳查阅了大量的资料,包括一些没有翻译的英文资料。她从小上的是教会学校,英文基础好。加之家庭环境特殊,她的口语也一直很好,可以直接阅读英语原文资料,这带给她极大的方便。

《怎样普及营养学知识》是她的第一篇学术论文,真好比是自己的孩子一样。她把最后定稿的论文工工整整誊抄清楚后,首先寄给了远在兰州对她寄予厚望的张查理院长。

"院长,我的论文终于完成了,请您指导。"

没多久,张院长寄回了认真改过的论文,给她提了几条修改意见。

这篇论文,在博学的张院长和西北最优秀的护士长黎秀芳之间,进行了反复磋商修改之后,寄往美国,同时也寄给了国内的学术刊物。

人生有许多的第一回,这个第一回,黎秀芳终生难忘。这篇论文日后给她带来了巨大的荣誉,直到20世纪80年代,全国营养学协会的专家还对她当年的观点大加赞誉,以至近年出版的《中国人怎么样吃》的系列丛书里面,还收录有她的这篇论文。

黎秀芳的论文在国内发表后,内战正酣,并没有引起很大反响。这很自然,在那个连生命安全都没有保障的年代,吃,对广大国民来说,仅仅是充饥,不饿肚子就知足了。

黎秀芳在写给远在兰州的好朋友张开秀的信中说:

国人尚不知营养学的重要性,有人甚至说,吃都吃不饱,还谈什么营养,其实这是一种错误的认识。总有一天,人们会关注营养,也总有一天人们会认识营养学。我们的民族被称为东亚病夫,除了长期的历史原因外,客观地讲,就是有点不注重营养的补给与搭配,能谈吃谈喝的无非是一些文人雅士和所谓的贵族人士。其实老百姓所说的"过了九月九,医生高抬手,萝卜白菜汤,吃了保健康"就是营养学,只是人们没意识到,所以营养学的知识应当大力普及。

黎秀芳性格中坚持己见的一面,也由此可见一斑,她的这种个性也贯穿在了她一生的命运之中。受黎秀芳的影响,张开秀在工作中开始自觉地强调这一点,她也经常对病人说:"吃药不如养病,养病离不开食补。"

民间不就常说嘛,夏天常吃瓜,中药不用抓;男不可百日无姜;常吃红枣,终生不老。这些都是对营养学最通俗的解说。

1945年,是个值得庆祝的年度。除了抗战胜利,黎秀芳的论文《怎样普及营养学知识》发表在美国一家很有影响的权威医学杂志上,又被中华护士学会推荐参加美国《妇女友仁》论文评选,获得该年度优秀论文奖,并颁发了获奖证书和五百美元的奖金。

张查理院长曾打电话祝贺黎秀芳,他比自己获奖还快乐。

黎秀芳当然最高兴了,她说:"给钱?真好!我们可以开个营养实验室了。"物质生活还处在困苦中的黎秀芳,对这件事决定得那么轻快。

五百美元可不是一笔小数目。家中有弟妹十人,黎秀芳后来也想过,用这笔钱补贴家用,尽一尽孝心。可是,她最终决定这笔钱应该用在医疗和教学的事情上。同愉悦、充实的精神生活相比,环境的困苦便成了一件简单的事了。基于这一点,后来,黎秀芳始终不同意人们把她坚守大西北的生活说成是"苦役"。

黎秀芳的一生究竟捐出过多少钱,恐怕连她自己也说不清楚。人生若不是心怀大爱,是很难做到这一点的。

于是,在中国西北高原的兰州古城,竟然有了一所锅碗炉灶、天平仪器俱全的营养实验室。流质食物、婴儿"人工乳"、肾病患者饮食、糖尿病患者饮食、心脏病患者饮食,陆续从这间营养实验室中配制出来,院长、教员、学生、病人,个个乐不可支。营养课成了中央医院附属高级护士学校学生们最喜爱

的科目。

护校建立了营养学实验室，这对学生们可是件新鲜的事。在营养学教学中，当时用得最多、最有成效的一种教学方法叫做"个案观察"，就是给学生几个需要饮食治疗的住院病人的病历，让她们一个个地观察分析。先读病历，然后去具体了解病情，结合一些有关的营养学参考书，配合医嘱，为病人设计合适的膳食治疗方案，开出的食谱经主治大夫审查后，由学生们亲自在厨房配制。然后观察病人的进餐情况，算出实际的营养值，再根据具体情况及时调整。对每一个病人，学生都要写出观察总结报告。

每一堂营养学理论课之后，还有实验课。同学们对实验课都非常感兴趣。实验室里配备了各种营养食材，同学们可以对照老师讲的各种治疗膳食烹调方法，在实验室里亲手做一做，亲口尝一尝，激发她们对营养学的浓厚兴趣，让她们对营养学的意义有更直观、更具体的体会。

有一节课，让学生们亲手制作高蛋白膳食，这是为贫血病人准备的饮食，可谓色、香、味俱佳。但是，并不是所有的治疗膳食都是吸引人的，肾炎病人就必须准备无盐饮食，如果不是亲口品尝过其中的肉片和蔬菜，就想象不到它有多难吃。老师告诉大家，在病情允许的情况下，应想尽一切办法调配膳食，促进病人的食欲。实践，让学生从病人的角度懂得了护理工作和病人的关系。

新中国成立后的很长一段时间，这个实验室一直在使用着，为普及营养学知识起到了积极重要的作用。

在北京协和医院进修的最后一年，黎秀芳被派

当校长的黎秀芳和同学们一起参加社会劳动（前第二排右二）

往上海国防医学院,进行为期八个月的教学实习。实习结束后,上海国防医学院想要留她,她考虑再三,还是毅然搭上了一架飞往兰州的飞机,回到了兰州中央医院。

快到兰州时,她从飞机上俯瞰贫瘠的一眼望不到边的黄土,只有那偶尔的点点绿色,给人以生活的勇气和些许的希望。可是,她想念她的兰州中央医院,想念她耗尽心血的护校。像是一只小鸟,飞得再高再远,还是要飞回自己简陋的窝。兰州,已经毋庸置疑地成为她的家了。

回到兰州后,兰州中央医院附属高级护士学校任命她为学校教务主任兼医院护理部副主任。第二年,护校校长李景华去美国进修,她被任命为校长。护理和教学之余,黎秀芳继续着她的营养学研究。

营养学是门复杂的学科,它包括营养素的消化吸收和代谢、营养水平的鉴定、营养价值的特点、营养品质的鉴定、膳食模式、平衡膳食和合理营养以及膳食计划与实施、食品的安全卫生、病人膳食的调配、营养的支持、疾病的代谢特点、营养的需要等很多方面。当时,中国在营养学方面的研究基本是空白状态,所以,黎秀芳又开始着手编写《营养学》这本教材了。

第五章　在协和的日子里

华西坝

　　早在清光绪末年，四川基督教会就决定创办一所规模宏大、学科完备的高等学府：华西大学。1907年，传教士们在成都南门外锦江河畔购置了一百五十余亩土地作为校址。

　　华西大学旧址距成都市区仅二里地左右，土地平坦、空旷，有足够的空地以备学校将来的发展。校址距离号称"天下法源"的古南台寺西面不远，有晨钟暮鼓相伴的华西大学，衬托出了一派远离尘寰的宁静和肃穆。

　　由于华西大学的所在，这里便被当地人顺理成章地称作了"华西坝"。胸佩十字架的传教士意欲在这儿建造一座东方的伊甸园，建筑图样由英国著名的建筑专家设计。这位英国的建筑专家并没有照搬西方建筑模式，而是颇有远见地依照中国传统的建筑原理，讲究平衡与对称，尤其是在外观上着力表现中国特色：屋脊、飞檐上缀以远古走兽、龙凤、神鸟，檐下以斗拱为装饰，给人以神秘古朴的东方美。在整体的东方基调之中，他又煞费苦心地融入了西式风韵，如楼基、墙柱、砖墙、玻璃门窗、拱廊以及西式浮雕装饰等，此建筑可谓中西合璧之典范。

　　1910年，成都华西大学正式开学。成都城里的榕树似乎在一夜之间争先恐后地全部开花了。或许没有人想到，这一棵棵榕树是在为一所事关民生大计的高等学府而开放的。

　　战争期间，随着北平的沦陷，1942年初，日军挑着刺刀进入了北京协和医学院，并勒令所有的住院病人、工作人员以及学生，一个月内全部迁出。无奈，学校大部分迁往成都的华西大学，其余的则分别迁往北京道济医院（今北京市第六医院)、妇婴医院、同仁医院、中央医院(今北大附属人民医院)、第一卫生事务所、天津中和医院、唐山开滦医院和上海陆军总院。

1945年5月，黎秀芳被派往北京协和医学院护理师资专修班进修时，学校已经搬迁到了成都华西大学院内。

此时的成都华西大学，集中了沦陷区迁来的许多名牌大学，比如燕京大学、齐鲁大学、金陵女子文理学院等。这些大学与成都华西大学在一起上课，教授们联合讲课，各授其长。黎秀芳始终觉得，这段进修的日子是她一生中最为充实、难忘的经历。为此，她曾专门撰写了一篇回忆文章。

北京协和医学院是当时全国最好的医学院，它下设的协和医学院高级护士学校于1943年创立，护校的师资培训班是专门为全国各大医院和中央卫生实验研究院培训校长、护理部主任等医务骨干准备的，学制为两年。

当时北京协和医学院护校校长是聂毓婵，班主任是王秀瑛(新中国建国初的全国妇联副主席，我国第一位南丁格尔奖获得者)。王懿、左汉颜、谢敏秘、关重华、吴瑾瑜、周丽定、黄爱廉、方庆萱、方文渊等著名专家先后为黎秀芳她们授过课。

黎秀芳所在的进修班只有九名同学，毕业后虽然天各一方，但大都在全国的医护事业中作出了卓越的贡献。

穿行在华西大学校园典雅而独特的建筑群中，黎秀芳心中充满了喜悦和向往。

华西坝校园外有一条长街，沿街有许多风味别致的小吃店和小摊点。黎秀芳回忆说，那里的担担面很香很辣，龙抄手更是汤浓味美。但她很少和同学们相邀去吃饭，她把所有的时间都用在了学习上，就连星期天也要泡在图书馆里。她说那时她最爱吃的是一家老店的"八号花生米"，既解馋又解饿，买上两包带到图书馆里，就可以当一天的饭。三十年后，她旧地重游，却再也找不到当年那家香脆可口的"八号花生米"老店了。

协和迁回北平

记得抗战胜利的喜讯传来那天，欣喜若狂的师生们用水桶和面盆当做锣鼓敲得震天动地，学生们用破衣服蘸上汽油点燃了火把，彻夜不眠地在校园里高歌欢唱着游行庆祝。

1946年5月，协和护校要重新迁回北平。黎秀芳随学校一起北上。

因为运输上的困难,学校在动身之前,举办了一次大"甩卖",凡可带可不带的东西全部廉价出售。一时间,学校成了个大市场,买东西的人进进出出。黎秀芳和46级护士班的费美云、藏美玲等参加了学校组织的护校组,她们一个个还成了会吆喝的售货员,一分一厘把账算得清清楚楚,交回学校。

最后,这支由六十多名师生分乘三辆大卡车组成的队伍,由聂毓婵校长亲自带队,踏上了回归北平的征途。那是唐代大诗人杜甫穷困落魄进川的路,那也是为避"安史之乱"而逃难的唐玄宗走过的路。和历史上的人物不一样的是,黎秀芳她们的心境可是"两岸猿声啼不住,轻舟已过万重山"啊。心境是心境,卡车一路颠簸着到了陕西某处后,改乘火车,经河南、安徽及江苏南京,到达上海,然后改乘海轮到天津,最后又换火车抵达北平。这次归路走了两个月之久,因汽车运输费用昂贵,所

与协和的同学们
在一起(右四)

以,只要能坐火车的地方,就换乘火车。几百件的行李全靠这群女学生们自己搬运,她们背不动就抬,抬不动就一步一步地往前挪。为了给学校节省一些费用,大家硬是咬牙坚持下来。

一路上,风餐露宿,可她们从来没有想过要退缩,她们时时唱着校歌,鼓舞自己。

协和校歌原文为英语,大意如下:

小姑娘们佩戴金蓝争辉的证章,
勇敢坚强,扶助弱幼病伤。
倾听,为患者解除身心疾苦,
我们面前是艰难曲折的道路。
欢乐啊,纵情地歌唱,
协和同学奋发力强。
救死扶伤,让爱的花朵开放,

忠于祖国,护校精神永放光芒。

真诚热情,为他人着想,

神圣的职业赋予我们力量。

蓝衣白裙是忠诚和荣誉的象征,

中华护士先驱勇攀高峰。

一直到晚年,黎秀芳还会唱这首英文歌。

到南京后,黎秀芳病倒了,高烧不退,几近昏迷。在她病情最严重的几天,聂毓婵校长几乎寸步不离地守护在她的身边。可是协和护校还得继续北上,不能耽误太久。无奈,聂毓婵校长只好把黎秀芳暂时留在南京,让她治好病再去北平。

"小黎,我给你联系了一家医院,等病好后你再去北平,我们等你。"

"不,校长,我想和学校一起走。"

"不行,你现在的身体情况不允许。学校到北平之后,还有一个阶段的筹备期,不可能马上就开课,你病好了再返校也不迟。"

聂毓婵校长她们走后,黎秀芳待病情稍有好转,就立刻和聂校长联系了。聂校长说:"你病刚好,坐火车太挤太累,再说一个人出门也不安全不方便,你乘飞机来北平,机票的事由我给你联系。"

聂毓婵校长对学生的关怀与体贴,让黎秀芳终生难忘,以至在自己当上校长以后,也事事处处以聂校长为榜样要求自己。

在北平协和医院

北京协和医学院终于回到了老家,这所历尽沧桑的医学院当时是全国设备最先进的。雷洁琼在为《话说老协和》一书所作的序中曾这样评价协和医学院:"它不但是全国最有名的医科大学,它所附属的协和医院在亚洲及全世界也是最有名的。美国用洛克菲勒基金在亚洲建立起来的十三所医学院中,以协和医学院最为著名,其他地区都来向它学习,协和的经验甚至反馈到美国。为什么协和医学院能够享有盛名呢?因为它确实拥有一批医学专家,有严格的教学制度,又注意临床经验,代代相传,相沿成风。"

北京协和医学院,这所被人称作"中国式宫殿里的西方医学学府",在抗战期间作出了突出的贡献。抗战期间,它派出的战地医疗队、外科手术队,为

医疗救护工作提供了战地实践经验。抗战胜利后，为了求得和平统一，中国共产党、国民党和美国三方成立了"军调部"，军调部就设在协和医学院内，占据着整个主楼。

1946年7月，黎秀芳回到了北平的协和护校，继续完成学业。当时黎秀芳她们的宿舍在护士楼，她每天都到协和大楼的地下室上课，还到道济、妇婴、同仁和中央等几所医院实习。

北京协和医学院附属高级护士学校开设的课程很多，涉猎广泛，除基础医学、药理学、细菌学、内科学、外科学、妇产科、儿科、眼科、口耳鼻科、病理学、营养学、神经精神学之外，还设有公共卫生学、急救学、各科专业护理、汉语、英语、物理、化学、心理学、社会学、护士伦理学、护病史等等。学生在毕业之前的一个学期还要学习病室管理，并接受训练代行护士长之职。

《中华护理杂志》的创始人，著名护理专家李懿秀回忆在协和学习的情况时说："协和每届入学时的学生多，毕业时少。学生就像爬金字塔一样，越往上人越少。一般学校60分及格，在协和，60分别说不能及格，连补考的资格都没有。这里是75分才及格，65分以上才有补考机会，65分以下或补考不及格的，要重读，重读又必须得到任课老师的许可。不能重读就意味着退学。每门功课都及格了，但期末平均分数不足80分，也不能升级，也要退学。对学习成绩要求得如此之高，以至学生一入学就心情紧张，四年的学习一直处于紧张状态。"

由于护理专业当时还处于创建阶段，学校基本没有中文教材，教师讲课均使用英文教材。黎秀芳英语好，成绩非常突出。当别的同学在为那些又怪又长又难记的医学名词急得哭鼻子的时候，黎秀芳已经又捧起了那本卷了边的《南丁格尔传》。在大迁移的时候，多少东西都舍弃了，只有这本书，始终陪伴在她的身边。她又读到了这一段，南丁格尔与上天的誓约：

> 余谨于上帝及公众前宣誓，愿吾一生纯洁忠诚服务，勿为有损无益之事，勿取服或故用有害之药。当尽予力以增高吾职业之程度，凡服务时所知所闻之个人私事及一切家务均当谨守秘密，予将以忠诚勉助医生行事，并专心致志以注意授予护理者之幸福！

说得多好啊，黎秀芳再一次感受到了护理事业的伟大。她渴望着像南丁格尔那样，尽己全力，把中国的护理事业推向前所未有的高度。后来，她的确做到了。

老师讲课时板书是英文，医生写字难认，这似乎是个通病，外国专家花里胡哨的字迹，辨认起来几乎就是猜谜。凭着坚韧的毅力，黎秀芳不但顺利地过了这一关，她还在以后的工作中，养成了坚持用英文记笔记的习惯。

学习虽然非常辛苦，但学校的生活待遇很优越，让学生没有后顾之忧。早餐每人两个鸡蛋，上午10点加一餐茶点，以保证营养，中餐、晚餐更是变着花样。铺床、换被、洗衣、刷鞋等杂事都有工友代劳，使学生能腾出更多的时间专心学习。

《中华放射学杂志》主编、著名的放射学专家李果珍女士回忆说："协和的学习条件的确是一流的。当时规定，一、二年级学生两人合住一间房，房间很大，并且有一间较大的储藏室。房间内各人有一张书桌、一把圆椅、一个书架和一个多屉柜，每人各处一边，互不干扰。到了三、四年级的时候，由于开始临床见习，在病室工作时常常要到深夜才返回宿舍，有时半夜还要起来观察产妇分娩或外科急诊手术，为了避免互相影响睡眠和学习，就开始一人一个房间。为了调剂学生的生活和学习，促进同学间的交际，每周六的晚上，学校都要请几位教授和他们的夫人教学生跳交际舞。同学们因功课紧，去的人很少，教授夫人便亲自出马到宿舍去请。星期日也组织一些郊游。"

北京协和医学院护理师资进修班毕业留影（第二排右三）

战后物价飞涨,法币、美金、金圆券一路贬值,民不聊生。黎秀芳在生活上很节俭,但一些慈善捐款总是少不了她的身影;同学有难,也是她最先伸出援助之手。有一次,一位护士的老母亲去世了,家中无钱买棺材下葬,那个护士暗地里偷抹眼泪,黎秀芳听说后当即给了她三块大洋,让她去料理后事。

戎装在身

1947年1月,黎秀芳告别了寒风呼啸的古城北平,前往上海国防医学院进行实习教学。

上海国防医学院,1947年由林可胜创建,是国民党时期训练军队卫生医务人员的最高医学院。

林可胜是祖籍福建厦门的新加坡华侨,据说他父亲林文庆曾经是孙中山先生的医生,捐资创办了厦门大学。林可胜从小在国外长大,获博士学位后,于1924年回中国,任北平协和医学院生理学系教授和系主任。他是协和历史上第一位华人系主任。后来,他创办了上海国防医学院。

那个时代,中国近代科学技术和教育都还在起步阶段,林可胜是中国早期开展高水平科学研究的为数极少的科学家之一,他在生理学和神经科学方面有很多研究成果。

在黎秀芳的印象里,林可胜校长是个非常有趣的人,学校里流传着许多关于他的奇闻逸事。

他讲课时可以用左右双手同时在黑板上画解剖图,洋洋洒洒,却清晰准确。一位曾跟随林可胜研究生物学的美国人对林可胜有着深刻印象,他说,林可胜在暑假结束时居然送了他一套数学书籍,让他有些摸不着头脑。据说,林可胜曾为后来成为他妻子的女子画了一幅像,形象逼真,此女子由此对这个医学家产生好感。作家林语堂在《八十自述》里回顾,他在中国闹学潮时,被当局追捕,是林可胜找地方把他藏了起来。在缅甸前线救护伤员时,林可胜自己赶鸭子上架,居然像模像样地开起了火车。这让人听起来简直就是神话,一个科学家、大学校长,无师自通地居然成了火车司机,真是让人匪夷所思。

1937年,抗日战争全面爆发,林可胜在汉口组织了二十多支医疗队,并亲自担任了总队长的职务。可以想见,战场上处处可见这位臂缠红十字袖标的林博士的身影。这项工作也得到了宋庆龄和周恩来的高度赞许。

他创办上海国防医学院后，因师资人才极端缺乏，便邀请黎秀芳、张开秀、包柏清、陈素文等人，来学校教授护理专业课程。因为是军队性质的学校，所以黎秀芳她们便穿上了军装。美式小翻领军服穿在身上，她们一个比一个显得漂亮精神。

上海国防医学院百般挽留黎秀芳和张开秀，一来学校当时确实没人能接替她们手头的工作，二来她们的优秀表现让校方十分满意。黎秀芳和张开秀有些动摇。

上海是灯红酒绿的大都市，她们所在的又是军队的医学院，条件和待遇与兰州相比，真是天壤之别。黎秀芳她们早就领略过大西北兰州偏僻落后的状况了。常用的生活用品都属奇缺物资；喝的是黄河水，过滤两次还需加漂白剂消毒沉淀之后才能做饭和饮用；没有肥皂，用的是"灰灰石"；住在土坯房里，下雨要用油布遮挡不说，一想起半夜里乱窜的老鼠，头皮就发麻。

上海国防医学院继续做黎秀芳和张开秀的工作，甚至与黎秀芳的父亲联络，使其也加入到说服女儿的行列之中。

父亲打来电话说："韫儿，既然国防医学院要留你，你就留在上海吧！西北你也去过了，酸甜苦辣你也尝过了。留在上海一样是做救死扶伤的事业。至于兰州中央医院，他们不同意，我给你想办法。只要你答应留在上海，别人不可能把你强行带走。"

"爸爸，我考虑得最多的，还是做人的原则问题，诚信为本，人不能不讲信用。"

张开秀的家人当时也非常希望她能留在上海。

尔后，兰州中央医院院长张查理亲自飞到上海，与国防医学院交涉，要带走黎秀芳和张开秀。张院长对黎秀芳和张开秀说："西北需要人才，在西北你们能独当一面，干出一番事业来。想想1941年的时候，那么艰难，你们不也投奔大西北来了吗？想想当初的信念和愿望，再想想兰州中央医院对你们有着怎样的期盼。到底应该怎么办，你们自己拿主意。"

在拖延耽误了几个月后，黎秀芳和张开秀最终还是下决心返回了兰州。黎秀芳后来回忆说，这是她人生重大抉择里面的又一正确抉择，她一辈子也没有后悔过。

把协和精神带回兰州

从协和回来后，黎秀芳被任命为兰州中央医院护理部副主任和护校教务主任。

黎秀芳把协和的工作作风带到了以后的工作中，并坚持一生。

她常给学生们讲协和的人道主义精神和医德医训，重视学生的职业道德教育，要求学生始终要以一颗无私的爱心对待病人。并教导学生，病人住院、治病是他们的权利，不是乞求；而医护人员使病人尽快康复，是医护人员应尽的责任和义务，不是恩赐。因而，要尊重病人，每天早晨进病房首先要向病人问好，然后再开始工作。干四科护士长许硕葵，是"文化大革命"结束后第一批护理专业的学员，谈起黎校长当年给她们上的第一节课，至今还记忆犹新。

"亲爱的同学们，我们既然选择了这个职业，就一定要有一颗爱心。"这是黎秀芳在第一节基础护理课时告诉大家的。课堂上，黎秀芳向大家讲授基础护理需要注意的几个步骤，护理过程需要注意的几个方面，她还把自己曾经处理危重病人时总结出的一些经验告诉同学们，让每个人都认真地记在笔记本上。授课间隙，她不时询问大家在学校的学习和生活上有没有什么困难，告诉大家来到学校后就要安安心心、本本分分地学好护理知识，对身边的每一个人都要有爱心，对病人提出的每一个问题都要认真解释，这样才能干好自己所追求的护理事业。

2007年7月9日，从全军护理专业组组长岗位退下来的李树贞，得知老师黎秀芳去世的消息后，不顾自己七十二岁高龄，特地从上海赶到兰州，参加老校长的追悼会，送她最后一程。

李树贞抚摸着校长的遗像，睹物思人，眼含热泪地说道："我是1950年考入西北军区第一陆军医院护士学校的，当时黎老是第一任校长。黎校长给我们新生上第一堂课前总是要先检查个人卫生。她检查得很细很细，连扣在帽子里的长辫子、留着的长指甲、没洗净的小手绢都给检查出来了。"

像是又回到了年轻的时候，李淑贞很是动情，她说：无论是讲台上或是实验室里，黎校长总是边讲边做给学生看。连如何走路，如何开门，如何说话，如何操作，都示范给学生们。她经常教导我们，同样的话，你讲得热情、诚恳、亲切、艺术，病人就乐于接受；相反，你态度刻板冷淡、粗声粗气，病人肯定难以接受。一天上午，黎校长要去课堂讲课，在快到解剖室时，忽然听见一阵嬉闹声。寻声看去，原来是几位穿着白大褂的女生，正牵着一条狗朝解剖室走去。她顿时严肃起来："眼下你们是去为'伤员'进行手术包扎，怎么能这样嘻嘻哈哈？"学生们全都愣住了。她诱导大家说："侦察员'米沙'负伤了，怎么办？"机灵的姑娘们恍然大悟，马上找来担架，然后像对待伤员那样把那只小狗抬进了手术室……"

在病房里，凡遇到学员开门不是轻拉轻关，她总是态度严肃地纠正，不允许丝毫的马虎。

有人说这是小事，黎秀芳却说这是作为一名护士的爱心和责任心的自然表现。

黎老晚年的时候曾说，现在，这种修养从一些年轻护士的身上很少看到，令人痛心。她还说，母校的熏陶，医护事业前辈们的教诲，使她深深感到热爱本职工作，全心全意地为人民服务，是当好一名护士的基本条件，没有这两条，就不配当护士。

兰州军区总医院保健一部护士长杨彩永远也忘不了这样一堂课。那是1986年她进入总医院护士学校后，黎秀芳校长亲自给她们讲授的一堂课。

黎校长给她们讲授了马斯洛夫的护理层次理论后，也给学员们提了一个既简单又复杂的问题：怎样当好白衣天使？

大家议论纷纷，七嘴八舌，答案概括起来无非就是：围绕护士的职责，完成医疗附属任务，做好医嘱交代的事情。黎校长看着这些年轻的面孔，告诉她们，除了这些，白衣天使最重要的使命，应该是把爱心无私地奉献给病人，用爱去呵护病人的生命健康。

这堂课让杨彩对"护士"两个字有了更加深刻的理解，也产生了一种从未有过的神圣感。正是这种神圣感，激励着她不断向黎校长定义的那种目标前进，使她凭借优秀的护理技术和高尚的职业道德，跻身全国"巾帼建功标兵"的行列。

陈玉麟，上个世纪50年代末就是黎秀芳的学生。1964年在兰州陆军总院担任临床护士长。80年代末期，总院引进当时最先进的CT，组建成立新兴科室，陈玉麟被组织安排到CT室担任护士长。90年代初，陈玉麟还是副主任护师，准备参加军区职称考试评选副高，这对她本人来讲也是一次非常关键的机会。而作为老师的黎秀芳当时就是评审护理专业组组长，一见来参加

考试的陈玉麟,她当场就毫不客气地批评起来:"你这是来干什么的?怎么什么都不带就来参加考试?回去,明天上午再来重考。"这炮轰般的一番质问把陈玉麟训得当场流下了眼泪。她赶快整理资料、证书和在各类杂志上发表的论文。整整一夜,她撰写着述职报告,想着明天如何"过关"。

第二天,黎秀芳对陈玉麟说:"你在临床待得好好的,去CT室干什么?在那里干个副高能发挥什么作用?为什么不在临床干好你的护士长,你就是想躲清闲。"陈玉麟赶忙解释:"老师,我在那里也是护士长,而且我调到那里工作也是组织上决定的呀。"

黎秀芳一直在关注着自己的学生,她希望她们可以把所学的知识全部用到临床第一线,一心干好护理工作。作为老师,黎秀芳不愿意让陈玉麟离开自己的岗位。这次评审陈玉麟虽然考试通过,但在自己老师的手上还是没能通过评审。

"文化大革命"后期,黎秀芳被派到第一医院医务处当了一名助理员,当时她还未被"平反"。

一次,她到病房检查落实护士"三查七对"制度的情况,一名护士回答不上来,还说起了风凉话:"与我较真,你这么大年龄,还能干几天?"

黎秀芳不急不恼,耐心地给她讲干好工作的道理。后来,这名护士还与黎秀芳成了无话不谈的忘年之交。

1994年,总后给兰州军区总医院分配了两个去新加坡参加国际卫生交流的护士名额。经过严格的层层考核,老年科的护士冯艳梅拿到了新加坡卫生部颁发的录取通知书。消息传来,冯艳梅高兴,黎秀芳更高兴,她觉得,部队医院的护士终于可以到国外学习先进的护理技术了。冯艳梅出国前夕,黎秀芳专门把她约到家里,除了给她讲在国外应注意的礼仪常识,还叮嘱她要多学习,多留心观察,多到临床一线去实践,力争把国外那些先进的护理技术和护理理念学好后带回来,并告诫她时刻要记住,自己是一名中国人,更是一名中国军人。末了,黎老还把自己从美国探亲回来后仅剩的50美元送给了冯艳梅,让她在外照顾好自己。

黎秀芳曾在一篇文章中这样写道:"我爱协和,我感谢协和对我的培养,我更希望协和的'三严'精神(即严密的科学态度、严谨的科学作风、严格的治学校风)和教授们忘我进取的教学、科研思想,能代代继承,发扬光大。"

我们似乎又一次听见黎秀芳用英文唱起了那首协和护校的校歌:

小姑娘们佩戴金蓝争辉的证章，
勇敢坚强，扶助弱幼病伤。
倾听，为患者解除身心疾苦，
我们面前是艰难曲折的道路。
欢乐啊，纵情地歌唱，
协和同学奋发力强。
救死扶伤，让爱的花朵开放，
忠于祖国，护校精神永放光芒。
……

第六章　风雨办学

临危受命

查看 1948 年的中国历史大事记,我们可以清晰地看到解放战争胜利的过程,听到人民军队四面出击解放全中国的铿锵脚步声。4 月 22 日,西北野战军收复延安;5 月 9 日,中共中央组成华北局;6 月 1 日至 7 月 21 日,华北军区第一兵团在晋中歼敌十万余;6 月 17 日至 7 月 6 日,华东野战军和中原野战军进行豫东战役,歼敌九万余;8 月 22 日,中共中央就国民党统治区的斗争发出指示;9 月 8 日, 中共中央在西柏坡召开政治局扩大会议;9 月 14 日至 10 月 31 日,华北军区进行察绥战役,歼敌二万余;9 月 16 日至 9 月 24 日,华东野战军在济南歼敌十万余;10 月 14 日至 19 日,东北野战军攻克锦州、长春;10 月 20 日,中原野战军解放郑州;10 月 24 日,中原野战军解放开封;11 月 2 日,辽沈战役结束,共歼敌军四十七万余;11 月 6 日,淮海战役开始;11 月 29 日,平津战役开始……

当时的国民党军队在战场上节节败退,政治腐朽不堪风雨飘摇,旧的国家体系基本瘫痪,谁还顾得上兴办教育?

此时, 黎秀芳就任西北公立职业高级护士学校校长兼兰州中央医院护理部主任。这一平日受人尊崇欣羡的职务,现在一下子变成了烫手的山芋。中华护士学会总会已经中断了给学校的正常经费,学校前途一片渺茫,就如同黄河浪头上的一只羊皮筏子,这时,需要的是舵手的信念和镇定。黎秀芳必须用她瘦弱的身体,引导这只风浪中颠簸的羊皮筏子安全划到彼岸。

原本师资力量就很薄,如今没有经费,学校如何办下去?人心惶惶是必然之事。一部分教师纷纷离开,返回北平、上海等大城市去了,剩下的在职人员也不安心,成天挖空心思四处联系,想给自己找个好的去处。面对如此情况,黎秀芳给部分老师做工作:"不管困难多大,我是不会走的,我希望你们也能坚持下来。西北需要你们这样的人才,社会需要护士。"

为了进一步安定人心,黎秀芳召集全体师生开会。她在大会上说:"中华护士学会中断了我们的经费供给,我们的护校面临着被关闭的命运。但是,护理事业需要我们培养更多的人才,如果学校散伙了,损失的不是我个人,这是关系到在座的每一个人切身利益的事情,关系到整个西北医护事业发展的事情。昨天已经过去,今天就要过去,为了明天,我们一定要想办法把护校办下去!不但要办下去,而且要办得红红火火!"

在一片掌声中,她接着说:"国家有难,每个人应恪尽职守,各显其能,政府不办我们自己办。现在播撒下一颗希望的种子,将来就会生长出参天的大树。"全体师生的掌声伴随着解放兰州越来越近的炮声,在学校礼堂又一次响起。

那是黎明熹微,社会还处于动乱和黑暗中的日子。每天,黎秀芳都要忙碌到凌晨,连夜整理和编写教材。护校没有教材,除了参考黎秀芳从上海带来的《护理原理学》和《护病原理与技术操作》几本书之外,黎秀芳和她的同事们还要自己动手编写教材。在后来很长时间里,护校一直沿用的基础护理学、营养学等几门主要课程的讲义,都是黎秀芳在那个时期编写的。

等大家都睡下了,她拿着手电筒到学员宿舍查过夜之后,才回去休息。昏黄的手电筒照射在她的脚下,只有一点点微弱的亮光。黎秀芳觉得自己就像这支手电筒,被沉沉的夜包裹着,快要看不见路了。或许正是在这样的黑夜,让她一次又一次想到南丁格尔,想到那盏马灯,就像是黎明,必须要有一盏南丁格尔马灯的指引,才能顺利抵达黎秀芳的心里,而不知不觉之中,那盏马灯的光亮就会和黎明汇合在一起了。

现实中,令黎秀芳困惑的事情实在太多了,她总在想,明天要到哪里去寻求一些援助和支持呢?她整夜整夜地睡不着觉,甚至发展到要靠安眠药维持睡眠的状况。天一亮,她又去四处游说,希望可以给学校拉来资金,得以把学校继续办下去。

黎秀芳已经往市政府教育督查委员会跑了八趟了,她一遍遍交涉着,最终还是没有结果。她又找到"医救会",人家说这事不归他们管。她去了一个又一个机构,客气点的会直接拒绝,不客气的甚至还会口出恶言:"我们现在

自顾不暇,有谁会管你这烂事呢?"

就在黎秀芳一筹莫展的时候,她接到了一封张查理院长从上海寄来的信。张查理曾是兰州中央医院院长,当年,就是他苦口婆心地劝说黎秀芳回兰州工作,他一向看重黎秀芳的能力。后来,他调往上海国防医学院工作。

信中说:"我非常敬佩你的勇气和信心,在现在这种形势下能坚持办学的中国人已经不多了。我虽然离开了西北,但西北的困难我是能想象得到的,如果你有什么困难可以告诉我,我愿通过美国医救援华基金会等一些组织,给你争取一些资金或物质上的支持。"

这封信对于黎秀芳和她的护校无疑是天大的福音。黎秀芳赶紧给张查理回了信,详细说明了护校目前十分危急的现状和自己的愿望,呼吁紧急援助。很快,张院长就派人送来了他千方百计从美国医救援华基金会、中国福利基金会等有关组织筹措到的资金。

有了张查理筹措到的这笔宝贵的资金,西北公立职业高级护士学校的日常工作又运转起来了。

黎秀芳临危受命,呕心沥血办学,经历了常人难以想象的困难与艰辛,但她还是凭着坚定的信念,一步一步走了过来。

千里招生

黎秀芳又一次想起提着一盏马灯行走在克里米亚战场的南丁格尔,苦难的祖国,需要无数的南丁格尔。黎秀芳决心要为祖国,为西北,培养出更多跟自己有相同梦想的人,像南丁格尔一样,把拯救无辜的生命当做自己的事业,让属于自己的那盏马灯燃得更亮。

要发展整个西北地区的医护事业,就必须扩大招生。

首先,要留住在校的学生,黎秀芳想尽办法给学员每人每月补助两块钱。在那个贫困得以分计算花销的年月,两块钱几乎可以说是一笔不小的款额了。

黎秀芳决定走访兰州及周边地区的所有医院,动员医院派一些学员来培训,或者,干脆到其他省份去招一些学员。

一个女人,在那样特殊困难的年代里,千里奔波去招生,她的决心和毅力感动了很多人。

宁夏,地处华北台地、阿拉善台地与祁连山褶皱之间。火车慢腾腾的,好不容易翻过险峻的六盘山。车在冷风里行驶，黎秀芳放眼窗外，弯弯曲曲、起起伏伏的明长城，涌动着白云的辽阔天空，浊浪滔滔的黄河，尽收眼底。那时候，她肯定没有读过毛泽东那首气势磅礴的诗词："六盘山上高峰，红旗漫卷西风，今日长缨在手，何时缚住苍龙。"黎秀芳想到的只有她的学校，学校是她的生命。

黎秀芳（后排站立者）与张开秀、欧莲卿合影

刚到宁夏银川的那一天，黎秀芳望着这座陌生、遥远的小城，"边塞"这个词突然涌上这位江南女子的心头。虽然银川和兰州一样是座边塞小城，但她还是想起唐朝诗人李益的诗句："不知何处吹芦管，一夜征人尽望乡。"和兰州一样，此刻没有芦管声，只有风继续撕心裂肺地吹着。

黎秀芳各处奔走讲演，却没能招到一名学生，她很是懊悔和自责。好在最后有一家医院答应派两名培训生。

忙了一天，黎秀芳和同行的老师们回到旅馆，发现房间被翻得乱七八糟，随身携带的几本书被扔了一地，幸好钱和一些重要的东西都带在身边，不然她们可真是穷途末路了。

"好在咱们也没东西可偷！"黎秀芳宽慰地说。

遇到这样的事黎校长竟然不生气，大家也都苦笑着说："谁让我们比小偷还穷呢？这小偷一定很失望。"

"他们还能有咱们失望吗？咱们这一趟可算是白跑了。"

"别灰心，天无绝人之路，总会有办法的，只是时间的问题。等到人们了解护理工作的重要性了，就会有人愿意学习它了。"

南丁格尔曾经说过："理想是兴奋剂。"黎秀芳正是靠着理想的信念，才支撑着自己一路走到现在的。

大凡接触过黎秀芳的人，都说她是一个有着罕见的执著精神和让人难

忘的优秀品质的人。她仁爱良善，待人如兄弟姐妹一样，越是被贫穷折磨，被病痛吞噬的人，她越是用一颗博爱的心关怀和帮助他们。

黎秀芳和她的同事疲惫不堪地乘长途车返回兰州，车厢里人挤人，塞得满满的。黎秀芳瞬间的感觉就像是一车又一车拉去等待屠宰的绵羊。如果没有了信念，人和羊又有什么区别呢？

像是突然之间发现了一个秘密，黎秀芳明白了什么是信念。对于农民，信念就是土地；对于黎秀芳，信念就是爱，爱人，爱生命，信念就是一个人生命的延长。

黎秀芳晚年时，有一个周末，想自己乘车出去转转，她怕医院的照顾，派专人陪同、派专车接送，所以已是七十八岁高龄的她径直走出医院大门，搭上了去兰州东部批发市场的一辆公交车。刚坐下，就有一位农村老大娘上车了，没有座位，黎秀芳说："来，坐我这儿。"说罢就让这位老大娘坐到自己的座位上。老人见状连声道谢，可见到给她让座的也是位满头白发的老人时，就用带着迟疑的目光上下打量着问道："您多大了？"黎秀芳笑笑说："我今年七十八岁。"老大娘连忙起身，抓着她的手说："老大姐呀，我才六十五岁，您都七十八了，怎么还给我让座呀，坐坐，您来坐。"

旁边的人赶忙站起来，纷纷给两位白发老人让座。

坐公交车的人不约而同全都向黎秀芳投来钦佩的目光。

黎秀芳常说，尊重别人就是尊重自己。

她曾写下："我的心灵总是贴近那些穷人，尤其是因病痛折磨而痛苦呻吟的人。我总相信，正义和良善仍然存在；许多人都是存在着良善之心的，奸佞小人只不过是少数。我总希望自己能像南丁格尔一样，但总觉得做得不够也不好。有时候，正像南丁格尔说的一样，觉得富人像瞎子聋子，看不到也听不到别人的疾苦，对于国难和民众的事不理不睬。他们这是违背人性的行为。医护工作者心中常常要装着良善，装着悲悯，这是作为护士最起码的职业道德。"

西安遇险

回到兰州后，黎秀芳决定再到西安去招生。西安这座曾经有过十三个王朝建都的古老城市，除了有着深厚的历史积淀和文化底蕴以外，也是西北的政治、经济和文化中心。黎秀芳想，西安虽然不能和北京、上海等大城市相比,但光是医院,就有西安大医院、国民党西安国立医院等七八所相当规模的大医院,那里还有自己许多同学,让大家帮帮忙,肯定会有意想不到的收获。

解放在即,共产党大军势如破竹,国民党特务遍地,似乎处处都隐藏着杀机。黎秀芳一到西安,就开始联系同学。她频繁地出入于各大医院,很快就引起了特务的注意。

一天,黎秀芳她们从西安大医院出来,她老同学的学生罗小娟悄悄地对她说:"老师,我总觉得不对劲,好像有人一直在跟踪我们。"

"不会吧?或许是小偷、流氓?"

"他们一直在跟踪我们,似乎不像小偷之类的人。"

"那是什么人?"

"会不会是国民党的特务?"

"特务跟踪咱们干什么?"

"现在中统和军统的人到处抓共产党的人,搞破坏搞暗杀,恐怖得很。"

"这与我们何干?"

"是不是以为咱们是共产党?"

回到住地,黎秀芳就想怎么才能摆脱特务的跟踪。她首先想到父亲,父亲认识许多军界要员,只要他出面打一声招呼,麻烦就会立即解决。但回头一想,不行,这样就会给父亲带来不必要的担心。想了好久,她的脑海中闪现出一个人,那就是张查理院长。

张院长是医界奇人,桃李遍天下,更重要的是曾传说他是共产党人。这样一位富于传奇色彩的人物,找他,肯定有办法。但转眼又想,虽然说张院长是共产党只是传言,但如果这传言是真的,是不是会给他带来不必要的危险呢?最后,黎秀芳还是决定谁都不找,自己想办法。为了安全起见,她通过医院工作的同学帮忙,带着两个助手住进了医院里。医院里人多,任凭你是中统还是军统、黑道还是白道,也不会平白无故地在这里抓人吧,更何况自己的身份是护校校长。

黎秀芳的西安之行可以说是收获颇丰,她招到了八名学员。夜很深了,她和两个助手筹划和安排着返回兰州的具体事宜。然而,起程的那天早上,她们遇到了劫匪。

黎秀芳和两名同事带着新招来的八名学员,从西安大医院出来,本打算

直接到火车站,可同事说西安的生活日用品比兰州便宜很多,于是,她们临时决定多买一些带回兰州。转了几个商场之后,她们被一伙歹徒盯上了。

黎秀芳是个非常注重着装的人。她认为整洁的服装和仪容是一种礼仪,是对别人的尊重和重视。这次来西安,她一身漂亮的旗袍,出入人群之中很是显眼,自然就引起了歹徒的注意。

这些歹徒起初认为黎秀芳是贵妇阔太太,后来发现黎秀芳到处活动找女孩,就错误地认为她是干老鸨的人贩子,遂起歹意,准备在她们离开西安乘车的时候实行绑票抢劫。

黎秀芳她们买好东西,快到火车站的时候,一辆黑色的轿车拦住了她们的去路,随着刺耳的刹车声,从车上跳下来七八个凶神恶煞似的人。

“站住!”为首的一个头戴黑礼帽黑墨镜,身上还斜挎着一把短枪。

“我是兰州西北公立护校的校长,你们是什么人?”黎秀芳质问道。

“校长?我看你像个老鸨。”

“请你放尊重点。”

“不尊重又怎么样?”

“你知道西北公立护校是谁办的吗?”

“老子才不管你说的什么屁校,兄弟们,动手!”说着一伙人便扑了上来。

就在这时,只见两辆军用吉普车飞驰着开了过来。那伙人一见情况不妙,便一哄而散溜走了。

吉普车停在黎秀芳跟前,从车上跳下一位年轻军官,他向黎秀芳“啪”地一个立正敬礼,然后说:“黎校长,卑职奉命前来护送您和您的学生安全上车。”

黎秀芳愣了一下神,问道:“你们是什么人?”

“报告黎校长,我们是军人。”

“我的意思是谁派你们来的?”

“我们是在执行上级的命令。”

“那好,你不方便说,我也就不再问了,但我得说谢谢你们了。”

就这样,黎秀芳在西安遇险又奇迹般地脱险,比说书的编撰出来的故事还要离奇。黎秀芳怎么也想不到,张查理院长在得知她去西安招生的消息后,为了保护她们,通过相关人员作出了暗中保护她们的安排。

惊魂未定的黎秀芳一行人,一回到兰州就立即投到紧张又忙碌的工作中了。西安遇险之事慢慢由惊恐已经变成了趣谈，但是没有变的是她对伤病员的关怀和爱护。她要加倍用爱回报别人的爱，用关怀回报别人的关怀。

1949年10月底，兰州解放了。和后来电影上播映的其他地方欢迎解放军的场景一样，兰州人民也举行了各种形式的欢迎活动，庆祝新中国的成立和新时代的开始。黎秀芳个人的命运和中国人民的命运一样，将要发生翻天覆地的变化。

刚一解放，组织上就给学校的教员们配置了特供，还对黎秀芳说："你们是高级知识分子，是建设新中国最需要的宝贵财富。"黎秀芳被深深地感动了。

第七章　走进新时代

诀　别

国民党在同共产党的较量中败局已定，蒋家王朝在大陆的统治行将结束。

1949年8月的兰州，这个即将迎来解放的黄河岸边的城市，黄河水依然如故地流淌着。全国解放的枪声已经迫近这座城市了，历史，即将翻开新的一页。

黎秀芳已经深深爱上了这座并不繁华的城市。白塔山、左公柳、大水车，夏日，常有少年在黄河里尽情地游泳嬉戏；隆冬，不时传来马车碾过黄河冰面的吱吱声。黎秀芳感叹生命就好像是一个奇迹，她认为自己已经是这座城市机体中不可分离的一分子了。

一起来西北的姐妹们，随着共产党解放战争的节节胜利，有的回到了南京，有的去了北平。在兰州中央医院的护校里，剩下的老师已经为数不多了。在这个风雨飘摇的年代，每一个人都在为自己的归宿作出抉择。

走，还是留？

有人说："国民党倒了，共产党会秋

黎秀芳（前排右一）与西北军区第一陆军学院的领导和同志们在一起

后算账的。"

黎秀芳想,一我没干过对不起人民对不起国家的事,二无论谁统治天下,医生和护士总会需要吧？

更重要的是,她放不下她的事业,放不下她辛勤创建的护校。作为校长的她自己走了,护校怎么办？

张查理院长和院里的一部分专家教授已经下了留下来的决心。张院长也劝说黎秀芳留下,他对黎秀芳和张开秀非常重视和信任。

黎秀芳对张开秀说："咱们也和张院长他们一起留下来吧。"

张开秀说："我还是有点担心。"

"担心什么呢？"

"担心我们的前途,会不会因为共产党的到来再出现什么波折。"

"我感觉共产党还是很得人心的,何况我们是医护工作者。"

"你父亲来信怎么说？"

"他老人家再三敦促我尽快与家人团聚,让我先回南京,然后准备举家迁往美国,越快越好。但是我打算留下来,西北需要我们,留下来一定能够干出一番事业的。"

可是留下来,共产党会放过我这个国民党中将的女儿吗？黎秀芳的脑海里不断翻腾着。

过了几天,张查理院长忽然通知黎秀芳和张开秀,说中央医院争取到了两个世界卫生组织的名额,可以送她们俩到美国去进修。黎秀芳想,这下好了,父亲和家人去了美国,自己如果能去美国进修不就可以去看望他们了吗？

她马上给父亲写了一封信,说明了自己的情况和决定。

谁知,父亲的回信还没有来,父亲派的人却找上门来了。

一天晚上,黎秀芳正准备休息,忽然传来了一阵急促的敲门声。她披衣开门,见到一位神色慌张的中年男人,那人气喘吁吁地说："大小姐,不要怕,是黎将军让我通知你赶快离开兰州,接你到南京随全家一起飞往台湾,机票都已经买好了。"

"我怎么知道你就是我父亲派来的人呢？"

"我这里有你父亲的亲笔信,还有机票。"

来人从怀中掏出了一封信,递给了黎秀芳。

黎秀芳不知道该怎么回答父亲派来的人,她只是对着书信流眼泪。那人

见状,就一边安慰黎秀芳一边说:"大小姐,要不这样,今晚我就住在附近,你考虑好明天我接你走,该准备的东西也准备一下,尽量不要多带东西,捡一些贵重物品随身携带上就行了。"

送走了来人,黎秀芳再次陷入了激烈的思想斗争中。

走,还是留,整整一夜,在她的脑海中翻腾着。这件事很重大也很机密,她不敢找人商量,只能自己决定应该怎么办。

没有人知道,这一夜她是如何度过的。

第二天,父亲派的人又来找她,她说:"我还没想好。"来人说:"大小姐,时间不等人,多呆一天就多一分危险,万一解放军打过来了那可就想走也走不掉了。"她很犹豫也很痛苦地说:"请容我再想一想。"

一端是事业,一端是亲情,对她来说都很重要,哪一头都割舍不下。

她在护校校园里徘徊踱步沉思冥想着,不期然与张查理院长撞了个满怀。张院长说:"我了解到一些你的情况,现在国民党的一些政府官员已经开始往台湾撤离,同时他们还要带走一些文化人、学者。可能你的父亲需要你,但人民也需要你,去留你自己选择,我们不强求任何人。"

有人传闻说张查理院长是共产党,现在看来是真的了。"我……"黎秀芳欲言又止,她还记得自己给护校师生讲话时说,要为西北的医疗护理事业奋斗。而自己这一走,岂不成了逃兵?

张查理院长说:"我知道你是个自信要强的人,如果就这么放弃了自己的事业,多可惜啊,你好好想想吧。决定还是要你自己做!"张院长大度地一笑,拍了拍她的肩膀,继续忙去了。

整整三天三夜,黎秀芳吃不好也睡不好。她站在黄河边,对着河水大声呼喊:"父亲——"黄河无语,义无反顾地继续流淌着。

该下决心了。

她对父亲派来的人说:"我决定不走了,留在这里。"

"大小姐,黎将军让我一定要把你带回去,这是命令。"

"那只是对你的命令。"

"大小姐,你不能为难我,我想你父亲也一定不会同意你的决定。"

"我父亲不同意我的决定已经不是第一次了。"

"共产党很快就会统治这里,到时你会吃大亏的。"

"那只是你们的想法,我想你还是回去告诉家父,谢谢他的疼爱,女儿不孝。既然我选择了这么一条属于自己的路,就会一直走下去,不管前面的路多么艰难,我也会一直走下去。"

"大小姐……"

"好了,就这样,你回去吧!"说着,黎秀芳把父亲带来的机票递给来人:"这也带回去,或许别人能用得着。"

"不,大小姐,我可以先回去复命,但机票你一定留下,如果想通了,随后赶过来也不迟。"

送走来人,黎秀芳又一个人跑到黄河边大哭起来。她把飞机票撕碎扔进了黄河,声嘶力竭地哭喊着:"父亲啊,女儿不孝了——"

这一别,与父亲和家人天各一方。直到三十五年以后,她才得以见到家人,可是父亲却永远也见不到了!这是她一生中最大的遗憾。

惊心动魄的六天五夜

不久,解放兰州的战役打响了。这是中国人民解放军解放大西北的最后一场恶仗。1949 年 8 月 20 日凌晨,兰州城南诸山背后响起了激烈的枪炮声,彭德怀指挥着解放军从窦家山、十里山、古城岭、马架山、营盘岭、沈家岭、狗娃山一带发起了全面进攻。踞守兰州城的是国民党马步芳父子率领的以彪悍凶蛮著称的"马家军"。战斗进行得非常激烈,不少阵地经过多次反复争夺,双方伤亡都很惨重。

隆隆的炮声震得大地直响,空气中弥漫着遮天蔽日的黄土,街道上见不到行人的踪迹。只有黄河水,像一位久经沧桑的老人,似乎对这纷乱的局面早已经胸中有数,兀自奔流着向东而去。

对于战争,黎秀芳没有太多的惊恐,她更多的是痛心。我们灾难深重的祖国,何时才能不遭受战祸的荼毒?

从战争烽火中走过来的黎秀芳,深知战争中最易受伤害的是女性,尤其是年轻女性。而她的学生,都是花朵一般的女孩子。

黎秀芳时时听人说起,一伙伙被打散的国民党逃兵,在逃跑过程中,糟蹋了不少年轻姑娘。

躲藏到哪里去好呢?正当黎秀芳心急如焚的时候,张查理院长找到她,说他的女婿在兰州武都路合作金库当负责人,他们金库有一个暂时闲置的仓库,可以借给她,让护校的女学生藏身。

当时的兰州酒泉路、武都路一带，曾是名噪一时的金融街，街道两旁一家又一家金店毗邻而立。因为盛产沙金的青海地广人稀，青海商贩便将沙金贩卖给兰州金店，再购入兰州的土产及各种货物运回青海销售。新疆商人也是将新疆的土特产运来兰州经销，然后在兰州购买黄金带回新疆。处于东西交汇处的兰州——这座古丝绸之路的必经之地，现代商业的旱埠码头，在战乱年代，不少商家在这里均建有坚固的金库，以防被盗被抢。

武都路合作金库的这栋小楼在当初修建的时候，为了安全与隐蔽起见，还设计有暗室和地道，把护校的师生安置在这里，是最安全不过的了。

黎秀芳立即通知女学生们，家在兰州城里的，这几天回家去住，暂时不要来上课。

乘天黑，黎秀芳把三十多个家不在本地的女生带到了位于兰州武都路的合作金库。二楼的一个大库房，住三十多个女学生绰绰有余。库房有一个大铁门，等女学生们住进去后，黎秀芳从外面把铁门锁好。

及至解放，大家才知道张查理院长和他的女婿原来都是共产党的地下工作者。而将金库作为护校师生的藏身之处，早在他们的安排之中。

把师生们送到隐蔽之处后，黎秀芳每天还要往来于金库和医院之间。尽管战事正紧，学校可以停课，医院却是不能关门停业的。

在物价飞涨、粮食极其短缺的情况下，黎秀芳想方设法筹集好几十个人的口粮，还要把粮食贮藏好。在那个兵荒马乱的年代，粮食是最宝贵的。饥饿，让许多人早已丧失了道德和荣辱的约束，护校的粮库已经不止一次地遭到抢劫。除了要给大家送水及一种当地人称作"锅盔"的大饼等食物以外，黎秀芳送饭时还不忘带上几本书籍，鼓励学生们坚持学习。她每天都把最新的报纸和消息送到师生们中间，和大家一起分析形势，相互鼓励。每每回到空寂的学校，她还像往常一样整理教案和教学资料。

此时，她并不知道，解放军的百万雄师已经打过了长江，全中国的解放指日可待。她只是隐隐约约地感觉到，现在的形势似乎对于共产党更为有利。

她曾考虑过带着学校一起离开。可是仔细一想，还能往哪里走？带着一群女教员和女学生，倒不如就在兰州静观其变。反正不管最后谁胜谁负，护士永远是治病救人的，她相信只要是有良知的人，都不会加害从事护理工作的人。

只是父亲和家人不知怎么样了，已经到台湾了吧？黎秀芳想起她最后一次见到父亲时，他紧锁的眉头和沉郁的眼神，心中一阵痛楚。

8月25日傍晚，散乱的马家军从南边的山梁上逃跑下来，拖着武器、家什和财物，想要通过黄河向北逃窜。黄河铁桥是当时黄河上唯一一座可以通过车马辎重的大桥。各种车辆、大包小件、牲口伤员一齐涌向黄河铁桥，桥上一片混乱。此时，解放军部队已突入城中，用火力封锁了黄河铁桥。桥上死伤者无数，桥下死尸顺河漂去，还有慌不择路跌入水中挣扎的……

黄河铁桥离中央医院所在的小西湖不远，是夜激烈的枪炮声，折磨着人们的神经，人们在惊恐和不安中度过了一个不眠之夜。

夜晚，黎秀芳用棉被把窗户堵上，把门顶了，待在宿舍里。因为过度劳累，黎秀芳在激烈的枪炮声中，竟然趴在宿舍的桌子上沉沉地睡着了。

天摇了，地动了，兰州人民解放了

1949年8月26日凌晨，到处响着炒豆般的枪声、炮声、手榴弹声。有人在院子里遇上流弹，一声不响地就倒下了，像是走路走错了地方，一脚就迈进了死亡。

后来枪声渐渐稀了，围墙外面巷战的喊杀声、枪械的撞击声、追赶逃敌的脚步声也渐渐平息下来。

整座兰州城又恢复了往日的平静。

再后来，有士兵在外面喊着什么。

出门一看，街上的军人越来越多了。

在枪炮声惊心动魄地响了六天五夜之后，为金库那三十多个女学生担心了几天几夜的黎秀芳，壮着胆子走出校门，观察外面的动静。

她看到，大街上三步一岗、五步一哨地站了许多穿灰军装、帽子上戴红五星的士兵。走几步远，就能看到几个躺在路上的马家军的死尸或伤兵。一看就知道，解放军打胜了。

8月26日中午，兰州战役刚刚结束。中国人民解放军第一野战军司令员彭德怀、副司令员张宗逊、政治部主任甘泗淇率领大队人马开进兰州城。

在原国民党西北军政长官公署的驻地三爱堂，彭德怀走进马步芳的办公室里。墙壁上，挂满了马步芳留下的作战地图，地面上乱七八糟，一片狼藉。

彭德怀亲自动手,将墙壁上的地图一张一张撕下来,踩在脚下。他对参谋和警卫人员说:"大家动手,赶快打扫一下卫生,要搞得干干净净。"

兰州郊外的黄河沿岸,有十多架靠水力带动的巨型灌溉水车,约有数丈高,气派挺大。这些水车,建造于清朝,是劳动人民改造大自然、发展生产力、利用黄河水灌溉农田的智慧结晶。

彭德怀带着几个参谋和警卫人员,骑着马,来到一架高大宏伟的水车跟前,仔细观看,发现水车因为年久失修,许多木片和支架都已经腐蚀变松了,风一吹,吱吱嘎嘎乱响,仿佛一个饱受伤病的人发出的呻吟声。

彭德怀用粗大的手抚摸着水车,说:"用战争夺取全国的胜利不容易,要把新中国建设好,任务更艰巨!由打仗到建设,这是一个大转变,许多不会的东西,要求我们很快学会它啊。"

彭德怀和参谋警卫人员从古老的黄河水车边回来的第二天,兰州市十余万人举行盛大集会,欢迎解放军入城。

彭德怀主持并指挥了这次盛况空前的解放军入城仪式。

就在全城沉浸在欢乐喜庆之中时,蒋介石派来的几架飞机,老牛拉破车似的轰轰隆隆飞临兰州上空。

对于国民党会来捣乱这一手,彭德怀早有提防,并作了周密的部署。南山阵地高射炮一齐轰鸣,兰州城内,装甲车上高射机枪同时怒吼起来。

敌机飞了一圈,来不及投下一颗炸弹,便吓得惶惶逃走了。

彭德怀对身旁的人笑着说:"蒋介石还真够气派的,派飞机来参加我们的入城仪式,不然,我们还真缺几架飞机助兴呢!"

贺龙用烟斗戳了一下习仲勋的肩头,大声说:"这样一来,我们的入城仪式就更热闹,更精彩,更有气派了嘛!"

兰州东稍门,街道上横空挂出一幅彩色大标语,上面用黄绸子绣着一行醒目的大字:

天摇了,地动了,兰州人民解放了!

"给我一辆车!"

黎秀芳要求解放军的军代表"给我一辆车"就像传奇故事一样,迅速在医院和护校私下传说着。大家都十分钦佩这位既有胆识又有勇气的校长。

8月26日清晨,枪炮声渐渐停歇。黎秀芳看到的是另一番景象:很多身穿灰色军服的军人匆忙而有序地进出，大批解放军伤员被抬进了这所昨天还属于国民党政府的医院，仅一个大礼堂，就住进了五百多号伤员，门板搭成的病床一张接着一张，从大门一直摆到舞台上。中央医院已经被解放军接管，彭德怀总司令的保健医生邵达成为这所医院的最高长官，被称为"军代表"。

黎秀芳看到躺在门板上的伤员只进行了简单的包扎，伤口的污物都没有清洗消毒。伤员太多，很多医生护士为了躲避战乱都已经离开了医院，仅有的几名卫生员实在忙不过来。

伤员需要护士，黎秀芳想，必须马上把学生们接回来！

黎秀芳决定找辆车去接学生。她拦住了一辆军车。

战士说："你得去找首长。"

黎秀芳找到最高长官军代表邵达说："请给我一辆车，我要把我的学生接来参加抢救伤员的工作。"

邵达看看黎秀芳，问："你就是护校校长？"

黎秀芳回答说："是的。"

邵达说："好，我陪你去。"

邵达请黎秀芳上了自己的吉普车，然后派了一辆卡车，由黎秀芳调遣安排。

城中的许多房屋都成了残垣断壁，弹痕累累，不少废墟还冒着黑烟。街边东倒西躺着不少人和马的尸体，远处仍然传来零星的枪声。黎秀芳无暇顾及这一切，当她冲进完好无损的小二楼，看到学生们个个平安无事，这才放下心来。

学生们迅速投入救治伤员的工作中，由于中央医院所处的特殊地理位置，这批护士在兰州战役乃至后来解放青海、河西、新疆的诸次重大战役中发挥了极其重要的卫生保障作用。尽管医生和药物极度缺乏，但受过专业培训的护士们为病员们及时清洗伤口、换药，把水和食物送到行动不便的伤员嘴边，使伤员得到了最基本的医疗救治，死亡率明显下降。

那一段时间，护士们一个个忙得几乎饭都没空吃。她们要抬担架，送病人，为伤病员洗衣服，缝被褥。那时没有缝纫机，许多活都要手工做。

几乎所有的伤病员身上都有虱子，灭虱子就又成为她们每天都要做的一件事。衣服用开水烫，床板架子搬出来晒太阳。

黎秀芳在病房里和学生们一起夜以继日地照顾伤员,指导抢救和护理。

街面上传来各种小道消息,兰州女中的校长被撤换了,兰州女师的校长被撤换了。人们小心地观察着共产党的干部,对解放军的一言一行都非常敏感。有的人说:"咱们这些人给国民党干过事,都没好果子吃!"

黎秀芳知道,历史已经不由分说地把她们带到了一个新的时代。她说:"我一不贪钱财,二没干过坏事,我不怕。"

兰州城变了,变得生机勃勃。阳光下,黎秀芳看到人民政府的干部热情而高效地工作着,特别是看到共产党的干部把配给的白米白面省下来,专门供给医院的知识分子,尝过粮食短缺滋味的黎秀芳坚信,为了爱护别人而不顾牺牲自己的人,是好人,是不会伤害护士和学校的。

"中华人民共和国成立了!"1949年月10月1日,当收音机里传出毛泽东主席那浓重的湖南口音,遥远的北京天安门仿佛就在眼前。黄河沸腾了,兰州城沸腾了,有的人甚至把自家花花绿绿的被面扯下来,扎在腰里扭起了秧歌。"解放区的天是明朗的天,解放区的人民好喜欢……"聚集在学校礼堂收听广播的护校师生,把毛主席像端端正正地挂在墙上,她们的心和共和国的礼炮声一起升上了天空。

黎秀芳积极参加各种形式的大联欢,参加庆祝全国解放的活动,学会了唱《义勇军进行曲》等革命歌曲,还学会了许多新的名词,什么"土地改革"、什么"婚姻自主"、什么"政治协商"……她的眼界和心胸得以极大开阔。她看到共产党团结了众多的优秀人才,对旧知识分子倍加尊重;她看到共产党重视教育、尊重知识的诚意;她看到共产党的各级干部兢兢业业,真心实意地关心群众的生活疾苦。黎秀芳身边每一个人的脸上都挂满了由衷的笑容和希望。

"新社会原来是这个样子啊,怪不得共产党在老百姓心目中有如此高的地位。"她深深地呼吸着自由而开放的空气,尽情体会着新社会人与人之间的亲切与平等,并且不由分说地爱上了这一切。

第八章 飒爽英姿军校情

第一任校长

一切都在变更中，政权、秩序、观念……

黎秀芳忽然想起自己当年在长沙听吴玉章报告时，共产党人还处于被国民党围剿的境况。此后仅仅九年时间，局势就迅速扭转，共产党一举夺取了全国政权。

从解放的第一天起，兰州中央医院就更名为"中国人民解放军西北军区第一陆军医院"。解放军的大批伤员被抬进医院，仅一个大礼堂，就住了五百多名伤员。

黎秀芳一边忙于救治伤员，一边以平静的心情等待难卜的命运。

担任野战军总医院附设高级护校校长的黎秀芳

很快，黎秀芳接到中国人民解放军西北野战军的命令，任命她为西北野战军总医院附设高级护校校长。她成了新中国成立后这所学校的第一任校长。

这是份沉甸甸的任命，黎秀芳没有推辞，她认真地继续担负起了校长的职责。她知道让她继续担任护士学校校长的原因有很多，其中最重要的无疑是她率领学生们全

力救护和护理解放军伤兵的行为，为自己赢得了信任。她知道当时无论是部队还是刚刚被接管的各级行政机构，无论是社会还是老百姓，都需要医院和护士，护士学校必须正常运转，护士学校更需要一位有能力带领大家重振旗鼓的校长。可她也知道，作为原中央医院的一员，脱胎于旧制度和旧社会，尽管现在共产党人对她"高看一眼"，但是，会不会就像她的许多旧日同事们所担心的那样，将来总有一天会"秋后算账"呢？

这是她倾注了无限希望而又为之奋斗过的土地，她和她的学校、她的学生不能分离。无论如何，只要能继续和学校在一起，和学生在一起，只要还能从事护理和教学工作，她就别无选择。

黎秀芳穿上了中国人民解放军的军装，她决心以一个真正军人的身份要求自己。看看镜子里英姿飒爽的自己，黎秀芳全身心地投入到了新时代新护校的建设之中。

很久以后，她才知道，早在兰州解放前，准备接管兰州的军代表刘允中、张若平等人就已经与张查理院长研究过护校校长黎秀芳、护理部主任张开秀等人的情况，明确过党的知识分子政策。他们认为，对于黎秀芳她们这些高级知识分子，只要愿意与人民政府合作，就完全可以留用，这为这一代旧知识分子在新中国建设中发挥重要作用开辟了"绿色通道"。

1949 年 9 月 3 日，是新学期开学的日子。高级护士学校的上课铃声响了起来，学生们看到黎校长端立在学校门口，一身洁白，面带微笑，迎接新学员入学。

旧时代的结束和新时代的到来，用一句当时最时兴的话说，就是黑暗过去了，光明到来了。

这一年，黎秀芳三十二岁。

南丁格尔三十岁时，曾经在记事簿上写下了这样的感言："我三十岁了，正是耶稣基督开始献身布道的年龄。从此不应再有幼稚的举动。不应再有爱情与婚姻的念头。只有让我遵循上帝的旨意思索，依照他的安排去做。"南丁格尔感到投身护理事业，是上帝赋予自己的责任。

南丁格尔总是在冥冥之中诱导着黎秀芳，她时时可以感受到南丁格尔散发出来的精神热量。

黎秀芳觉得，继续投身护理事业，是新时代赋予自己的责任。

黎秀芳一下子觉得自己脚下的路宽广了，她深深感到自己获得了新生。

的确，一切不同了。她可以大展拳脚实现自己的理想了，她可以以主人的姿态主宰自己的命运了。

　　自从那次黎秀芳向军代表邵达要车之后，这位军代表就意识到，这个看似柔弱的女子，身体里却充满黄河般汹涌澎湃的能量。他被黎秀芳积极热情的工作态度所感动，因而也非常信任和钦佩她。

　　组织上知道黎秀芳的父亲是国民党中有影响的人物，便委托邵达找黎秀芳谈话，希望她能通过私人关系，联系一些学者和专家到西北来，加入到中国人民解放军中，参与建设新中国的工作。黎秀芳毫不犹豫地就答应了。

　　邵达说："黎校长，谢谢你，也代为谢谢你的朋友们。有你们的加入，我们的工作就好搞多了。"

　　黎秀芳说："还是应该谢谢解放军，谢谢共产党，是你们给了护校新生，也给了我新生。我也希望你们能在校舍建设和教学设施的配备上，尽快地给予支持。"

　　邵达"啪"地立正，敬了一个标准的军礼，说："保证第一时间让您满意。"

　　黎秀芳开心地笑了，这是她多年来笑得最甜蜜也笑得最开心的一次。

　　两天后，黎秀芳就接到电话，让她尽快拿出一个学校建设的规划和所需配置的报告。她马上把这个消息告诉了好友张开秀。

　　"我看这学校就是你的命。"张开秀略带开玩笑地说。

　　学校当然是她的命了，最起码也应该是她生命中最为重要的一部分。

　　共产党的作风太适合她爽朗的性格了，雷厉风行，说到做到。

　　在黎秀芳的领导下，护士学校得到了上级的重视和大力支持，新的校舍、基本的教学设施等，逐一得到解决。

　　那真是个激情燃烧的年代，黎秀芳有一种天高任鸟飞的感觉，她展翅在事业的天空中，成为真正的不知疲倦的快乐天使。

　　黎秀芳学会了一句话，叫"革命工作就要废寝忘食"。别人劝她注意休息，她就常常用这句话回答。

　　受刚刚解放新气象的感召和护校这个大家庭的温暖，曾经离校的学员林雁第一个重新回到学校，和她先后回来的还有五个过去的老学员和三名新学员。黎秀芳专门给她们召开了一个欢迎会，还特地请来了军代表为学员们作了关于当前形势和今后任务的报告。

从最初建校到 1949 年解放，护校总共毕业了四个班六十名学员，而现在最新一次的招生，一下子就招了五六十名学员，甚至一些毕业后已经转行脱离了医护行业的老学员，又都回来进修，希望重新干出些名堂来。

难忘的记忆

1950 年 8 月，组织上安排黎秀芳到北京参加第一届全国卫生会议。在这次会议上，她见到了一个个神话般缔造了新中国的人物——毛泽东、朱德、刘少奇……这些人给她留下了深刻的印象。会议期间，中央领导亲切地接见了与会代表。一张张普通的圆桌，摆着热气腾腾的茶水和瓜子花生之类的小零食。中央领导融入代表们中间，朱老总坐在黎秀芳所在的这一桌，认真地询问了每位代表的工作和生活情况，时不时笑声四起，气氛融洽极了。

能和这么多的高级领导人坐在一起，黎秀芳感到无比激动和荣幸，共产党的领导人都是那么豁达，知识渊博，并且风趣、平易近人，这太让她惊奇了。她深深地理解了为什么共产党能够推翻国民党的统治，建立新中国，她知道，那是因为这个政党集中了中华民族的优秀分子，因为这个政党具有无穷的魅力和活力。

另一个让黎秀芳有深刻感触的是共产党宣传男女平等的思想。

从学生时代起，黎秀芳就渴望着男女平等。女人要读书，女人要工作，女人不是生育机器和男人的附庸，女人要和男人平起平坐。可是，在中国这块有着千年封建根基的土地上，想要做到这一切太难了。

南丁格尔在家人强烈反对她从事护理职业时，曾经一度咬紧牙关，规规矩矩待在家里，每天使劲干活，希望家人可以回心转意。"我不得不做很多家务。那些衣被、玻璃杯、瓷器，已埋到我的下巴了。它们简直是乏味透顶。我也不禁要问自己：'这就是生活吗？难道一个有理智的人，一个愿意有所作为的

没有翅膀的天使
与梦幻般的天堂

人，每天想要做的，就是这些吗？'"她问自己。

黎秀芳也曾经一遍遍地这样问过自己，那就是我的生活吗？

幸运的是，黎秀芳把握住了自己的命运。

她注意到，共产党从中央到地方，从领导机关到基层组织，许许多多的妇女和男人从事着同样的工作。她还特别注意到，共产党的高层领导人中也有许多女士，比如蔡畅、邓颖超……她们都是那么有能力有水平，而担任中华人民共和国卫生部部长的竟然是冯玉祥将军的夫人——李德全女士。

当时流行赵树理的话剧《小二黑结婚》，剧里的小琴是真的当家做主人了，可以做自己想做的事，甚至可以挑自己想嫁的人，这真是太好了。想起那个就在自己的眼皮底下被从学校教室里拖走的童养媳学员，黎秀芳不禁有些伤感，不知那个女孩子现在如何了？要是早几年解放的话，那个女孩子的命运肯定会截然不同的。

如果说，黎秀芳的内心曾经经历了冰冻和融化，那她现在就是浪花飞溅，更重要的是，她心甘情愿地让自己做一滴水，流入新中国建设的这条大河中去。

共产党对女性的尊重和爱护，让黎秀芳和很多知识女性，对共产党产生了浓浓的景仰之情。

1950年冬天的一个早晨，黎秀芳刚上班不一会儿，彭德怀、贺龙、习仲勋等首长来护士学校视察。

"大家辛苦了！"彭德怀元帅向站起来拍手欢迎的教员和学员们亲切问候。随后，便和大家交谈了起来。彭德怀元帅握着黎秀芳的手，用浓重的湖南口音对她说："我们还是湖南老乡，毛主席也是湘潭人嘛！"那一刻，黎秀芳为自己是湘潭人感到非常骄傲和自豪。她噙着激动的泪水，一个劲儿地点头说："是的，是的。"

彭德怀元帅看到黎秀芳瘦弱的身材，又注意到她身后放着一个量体秤，便开玩笑似的说："校长同志，你称一下有多少斤？"黎秀芳站上去，只有八十斤。彭德怀元帅接着说："你看我的。"量体秤的红色指针迅速攀升至一百五十斤。"怎么样？我身上比你多扛一门炮哟！"彭德怀元帅逗得大伙一片笑声。

彭德怀元帅又问黎秀芳："老乡，你入党了没有呀？"黎秀芳的脸刷地一下子红了："没有。我的家庭出身不好。"彭德怀元帅笑着说："我们党讲成分但是重在个人表现嘛。只要你积极要求进步，党是欢迎的。"说完，还意味深

103

长地鼓起了掌。黎秀芳和所有在场的人也一起激动地使劲鼓起了掌。

1952年7月的一天，黎秀芳和几名即将毕业的学生登上了兰山，极目之下，感慨万千。

这几名学生都是军人，而且都是中共党员。黎秀芳对她们讲："在护理专业上我是老师，可以指导你们；但在政治上，你们比我进步，可以指导我。我也想加入中国共产党，你们说说，我哪不够格？还得在哪些方面加强努力？"

学生们纷纷鼓励黎校长，积极向党组织提出申请。

那时候，或许她对共产党还没有更为深刻的认识，只是从一点一滴的小事中，感到共产党比国民党好，只有跟着共产党走，学校才能办得更好，她所钟爱的护理事业才有希望，国家才有前途。

黎秀芳想起她的老师们曾经教导她的，做护士就是要以他人的幸福为最大的福祉，哪怕付出牺牲自己的代价。而这，与共产党的全心全意为人民服务的宗旨又是如此契合。她想起南丁格尔，那盏熠熠闪烁的马灯又在她的眼前晃动起来了。她想起父亲，想起久无音讯的弟妹们，那曾经的家如今在哪里？只有学校，只有学生，只有自己追求的护理事业。

那一夜，她失眠了。

1952年7月12日，黎秀芳郑重地向党组织递交了第一份入党申请书。她写道：只要跟着共产党，护理教育和护理工作就一定会有大的发展。

"培养一个护士要像创造一件艺术品那样精雕细刻"

在建设新中国的滚滚热浪中，在党的阳光雨露滋润下，三十二岁的护校校长黎秀芳焕发出惊人的热量和青春智慧。在这之后的六七年时间中，她把从协和医学院所学到的指导思想、专业知识、管理方式和工作作风，与实际工作结合起来，以她特有的严格、严谨的治学方式，掀开了西北护理教育事业崭新的一页。

护校的宗旨和目的，就是为医院培养有一定西医常识的人，协助医生工作。这种教育的要求虽然不是很高，但由于国民党统治期间总医院院长走马灯一样换来换去，有时候新院长上任刚刚决定扩大护士学校招生规模，但随着工作的调离，再来的院长又决定减少护士学校的规模，以减少医院开支。所以护士学校总是办得磕磕绊绊，加之人心不稳，每有战事就会有学生离开或转投其他学校，真正能够学成毕业的学生十分有限。

新中国成立后,情况有了明显改变,国家非常重视卫生人才的培养,专门提出设置和发展医学院和护士学校。但是从当时中国社会情况来看,百废待兴,护士教育还未形成完整的培训体系。所以,黎秀芳只能一边摸索一边尝试,对护理教育进行开创性的思考和实践,给学生灌输新的科学的护理理念。同时通过建章立制、加强管理,使学校的教学逐步走上正轨。

　　黎秀芳重新规划了教学方向、明确了培养目标,通过改进课程设置、建立示教和实习制度,提高护理人员综合修养,逐步形成了一条有别于传统,大胆创新的教育计划。当然,这一切都源于她对护理事业的热爱,得利于她扎实的学养和实践经验。

　　战争时期,护理教学是为了向战场输送大量具有一般性护理常识和护理技术的战地护士,也就是说要以最快的速度把战场上的伤员抢救下来,尽量挽救生命,这样就基本达到了目的。而和平时期,护理教学的任务必须适应社会的发展,引领社会的进步,为人民的生命和健康提供保障。也就是说,从前的任务是让病人活下来,而现在变成了既要让病人活下来,又要活得更好。因此,护理教育的培养目标必须是:努力塑造技术全面、责任心强、身心和谐的护理人员。在此基础上,她大胆提出了有别于前人的教育理念。

　　黎秀芳的头脑中,始终存在着这样一幅图景:一位位训练有素的护士,以全身心的热情与责任,为病人提供无微不至的关怀和照顾。

　　每次新生面试,黎秀芳都要亲自审定,首先,她要从思想上挑选合格人才。她经常会猝不及防地问考生:"端尿端屎你干不干?见了流血化脓的伤口你怎么办?"

　　黎秀芳说:"培养一个护士要像创造一件艺术品那样精雕细刻。"她以近乎固执的完美眼光挑选护士人才。太矮了不行,翻不动病人身子;太胖了不行,行动不够灵活;视力要好,配药准确快速;耳朵要灵,不能让病人连喊几遍;嗅觉要准,能分辨不同气味;另外,整个身体动作要协调,要有美感。她甚至苛刻地要求老师,不允许照本宣科,要有自己的观点和发现;要求护校的学生们,禁绝衣着凌乱、举止不雅、语言粗俗。

　　护校历来培养的都是女学员,后来也曾经招收过男学员,主要是考虑为战场服务,另外还有手术室、精神病专科等需要较大体力的科室男护士。作为女性,黎秀芳更加了解女学员的特点,但她不喜欢过于顾影自怜的女学员,她希望女人和男人站在同一起跑线上,那才是真正意义上的男女平等。

　　黎秀芳像一只启动到最大功率的发动机,不知疲倦地转动着。她的体力和精力如此充沛,白天要代课、听课,评阅教案,参加各种学术活动、行政会议,视察学员队,有时还要亲自组织和参与学生的医院实习;晚上她要读书,撰写论文和讲义,阅读和翻译英文资料。

　　师生印象中平日里温文尔雅,说话低声细语,走起路来像棵秀丽挺拔的白杨一样的黎校长,只要发现问题,无论是谁都别想侥幸过关,一定要改正了才可以。

　　黎秀芳设置的课程突出基础理论的学习培训,扩大护理教育的学科面。她认为一个优秀的护理人员,必须有坚实的医学基础知识,才能更好地理解医生的救治措施,准确地实施医嘱,从而更好地为病人服务。她借鉴医学院的课程设置和安排,要求学员学习掌握解剖学、生理学、生化学等基础课程,然后对内科、外科、妇产科等专科的基本病种、病因、临床症状、基本治疗措施进行全面掌握,再下来是基础护理学、内科护理、外科护理、护理基本操作等专业和临床课程以及操作训练。

　　黎秀芳大胆引入了大量西医教材,她从当时苏联医学教育课程中汲取了不少有用的东西。她撰写的《基础护理学》等课程讲义,修订完善了相关内容,并在其后的几年中反复增订和完善。

　　有太多的夜晚,同屋的张开秀已经睡了一觉了,睁开眼睛,黎秀芳还在灯光下坐着。

　　很多年来,黎秀芳一直住在集体宿舍,只有几件行李和很少的衣物。后来条件有所改善,她和张开秀合住在一套居室里。

护校在组织护理操作观摩讲学

张开秀总是关心地说:"你还睡不睡了? 明早还要给学生上课呢。"

黎秀芳却总是一边继续忙活一边说:"你快睡吧,我就好了。"

张开秀知道,黎秀芳给自己每天的工作都定了量,不完成她是不会睡觉的。

认准了从事护理职业,就意味着要失去很多睡眠的时间。

夜阑人静,月亮安静地挂在天空,缺了,圆了,又缺了……黎秀芳早已经习惯在夜里工作了,她甚至有些喜欢黑夜,蛙鸣不息的黑夜。

说到蛙鸣,黎秀芳突然想起第一次解剖活青蛙,刚刚从袋子里取出的蹦蹦跳跳的青蛙,让自己和多少女生惊跳起来。那时的自己幼稚得像是一张干净的白纸,人生就好似做题,对错都是自己的。选择护士这个职业,是黎秀芳人生的一道大题,她自己很满意。她在献身于护理事业这件人生大事的抉择上,给自己打了满分。

护士是什么? 护士是天使,这是黎秀芳从事护士职业的信念。

黎秀芳将护士如同天使的理念,贯穿进了她的教学中,她认为一位训练有素的护士,理应如同天使一般,引领病人走向健康。

黎秀芳要求学员每天背诵南丁格尔的名言:"护士工作的对象,不是冷冷冰冰的石头、木头和纸片,而是具有热血和生命的人类。护理工作是精细艺术中最精细者。护士必须具有一颗同情心和一双愿意工作的手。"无法计算,黎秀芳的一生背诵了多少遍南丁格尔的这段名言,但可以肯定的是,南丁格尔的精神已经渗透进了她身体的细胞中,流淌在她的血液里了。

黎秀芳说,"护士"两个字来自拉丁文,意思是保护、养育、供给营养和保持生命力。只有具备一定学问的人,才能胜任这项工作,才称得上是真正的护士。黎秀芳可谓身体力行者。

黎秀芳要求护士必须具有牺牲精神。在她看来,护士的牺牲精神,是其有责任心的前提和基础。战争年代,护士就是牺牲自己,也要保护伤病员的安全,这是护士的职业素质。而和平年代,这依旧是护士精神的一个重要方面。

学生们先在模型上练习肌肉注射、静脉穿刺、给氧、下胃管、灌肠、备皮,之后,每两人一组,互相在对方身上进行实际操作。这是一种考验。黎秀芳认为必须这样做,一方面有利于学员掌握操作要领,同时,也可以让医护人员亲身体会到因为操作不当可能给病人造成的痛苦。只有生过病的人才能够真正

体会到病人的痛苦,尝试体验病人的痛苦,可以让护士们更为病人着想。见有学员怕疼,黎秀芳就会走上前去,把袖子一挽:"来,先在我的胳膊上扎。"

她借鉴外国护理教育的做法,在护理教育中第一次增设了家政学、伦理学、社会学等课程,甚至引进礼仪课和化妆课。为了引起学员们的重视,她亲自讲授礼仪课,亲自示范。她为培养她理想中的护士倾注了全部的心血。

她始终坚持严密的科学态度、严谨的工作作风、严格的治学之道,注重治校理念和良好的校风。在她的教案里,护士如何行走、坐下,如何点头,如何托治疗盘、推治疗车,甚至是弯腰拾起落在地面上的物品,都有严格的标准。

黎秀芳突出强调护理实践操作训练。她精心设计了一套集示教、见习、实习、实践考核为一体的完整的操作培训制度。护士学员们学完基础理论知识,必须用所有学制中三分之一以上的时间,来进行操作训练。最初是由教员示范操

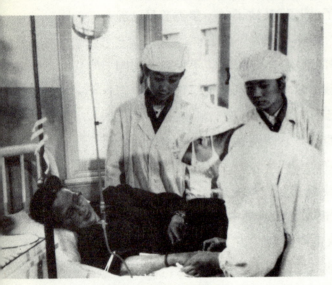

黎秀芳让学员们在自己胳膊上练习扎针

作,然后是到医院见习和实习,最后还要到医院各科室进行实习轮转,按照正规护理工作程序来工作,最后才能进入毕业考试。通过反复训练强化,许多操作成为护士们的习惯,由此提高操作的准确性,减少失误。这样培养的护士毕业之后,立即就可以进入临床,单独开展工作。

她非常重视细节。就拿铺床来说,如何打开大单、放置中单、套枕套和被套,都十分讲究。先要一次性准备好铺床的用品,然后站立于床侧十厘米的距离,先拿起折好的大单放于床正中线近侧距床头二十厘米处,依折叠顺序打开,这样正好将床单铺在正中;然后将四个角用一定的手法折入床垫下,必须平整熨帖、位置准确;然后依次是枕套和被套,最后套好的被子要三折后置于床尾,整个铺床过程一气呵成,动作利落,整洁美观,并在五分钟之内完成。

黎秀芳认为护士要有广博的知识和全面的素养。除了学习礼仪,她还热情推荐学员们学习音乐、绘画等相关知识,提高综合素养。

她在课堂上为学生们增设了绘画欣赏的内容。

如果能从荷兰画家凡·高的《向日葵》、《鸢尾花》等画中看到阳光的热力，也许才能理解生活在无尽的黑暗和寒冷中的凡·高对阳光的渴望吧。她希望学员们能够读懂一生贫困的凡·高，以此来培养学员的同情心。

再比如法国画家安格尔的《泉》，冬日的阳光透过玻璃窗暖暖地照着，美丽纯真的少女含情脉脉，从这少女肩头水罐里倾倒出来的不只是水，可以理解为对这个世界的爱和温情。

还有英国画家透纳的《暴风雪》，让人把自己绑在桅杆上数个小时体验惊涛骇浪，然后才动笔作画的透纳，在纸上渲染出了船在风浪中颠簸的绝望，可那远方透出的一点点亮色，正是希望。

还有音乐。没有什么比音乐更能发掘人的善良本质了。

黎秀芳在课堂上用录音机放起了贝多芬著名的钢琴曲《命运》，中国人似乎过分喜欢贝多芬。这地球旋转的空间每一秒都有贝多芬音乐响起的特例，这足以证明这位失聪的音乐家对人类思想的影响。或许是因为国家命运的多灾多难，人们被死亡和苦难折磨着，不由自主地想要有让人警醒的东西，爱憎分明而让人震撼的贝多芬的乐曲，就理所当然地成为了革命者慰藉心灵的良药。

黎秀芳更喜欢莫扎特，她为学生们放《安魂曲》、《摇篮曲》。伟大的莫扎特现实中贫病一生，但他却为人类创造出了精神上的财富。他将痛苦和苦难变成养料，撒入人心的土壤，开出芬芳美丽的花朵——宛若天使播撒的一样。

还有舒曼，他的《梦幻曲》，他的幸福和灾难。还有施特劳斯，他的《蓝色多瑙河》，那是一条和我们的黄河多么不一样的河流啊……

学生们全方位地认识了这位有修养有魅力的校长，从而更加敬佩和热爱她。

1954年9月，第一陆军医院改名为西北军区总医院，附设的高级护士学校改为兰州军区护士专修科。1955年3月，医院再次更名为兰州军区总医院。1960年12月，护士专修科改编为军区卫生学校。

由于黎秀芳不是党员，按照当时的政策，不能当校长，因而被任命为副校长，主管教学。据资料记载，她亲自教过的学生有四千多名，她们就像一粒粒种子撒遍祖国的大江南北。如今，不少学生早已成为临床护理、护理教育和护理管理的骨干，在护理工作中发挥着重要作用。她们永远不会忘记，是黎校长带给她们人生的至高信念：为他人着想，为社会负责。

很多年后，人们回顾这段往事，都说没有黎秀芳就没有护士学校，就没有西北护理事业的发展。而对于黎秀芳，没有护理教育，也就没有黎秀芳传奇般的人生。

然而，随着改革开放后部队的精简整编，护理人员也一再缩减，但全社会对护士的需求却在不断增加，地方医学院校和民办护士学校事业蒸蒸日上。黎秀芳晚年曾被许多院校邀请去作报告，据粗略统计，这样的报告会不下千场。

三级护理

走进兰州军区总医院的护士办公室，最醒目的地方挂着一块小黑板，上面清楚地标示了一级护理、二级护理和三级护理的病床号，哪个需要特护、哪个需要吸氧，一目了然。

黑板虽小，意义却非同一般。三级护理，现在不仅中国在实施，全世界都在实施。有谁知道，最先的倡导发明者，就是黎秀芳。

1953年的初春，新的学期开学了。黎秀芳带着学员天天去医院实习。这些学员被分为十几个小组，分别在各个科室进行轮转实习，每个科室都要确定一位到两位资深的老护士为带教老师，学员们跟随带教老师全程参加护理工作实践。为了掌握实习的进度和效果，黎秀芳每天到各科室逐一听取反馈意见，并随时指导学员开展工作。有时遇到特殊或是少见的病例，她就会把学员们集中起来进行现场教学。

学员们普遍感到从理论走向临床一下子很难适应，要掌握的东西太多。黎秀芳意识到，护理教学面临诸多问题，首要难点是缺乏条理性。

新中国成立以来，护理工作有了很大的进步，护士的人数明显增加，可是因为分工不明确，主次不分，同一个科室的护士们相互依赖，一个和尚挑水吃，两个和尚抬水吃，三个和尚没水吃，极易造成工作中的疏漏和失误。有的科室对护理工作自行进行了分工，可是不科学，有交叉和重叠；有的科室护理工作随意性很大，医生和病人都不是很满意。

黎秀芳深深体会到，护理工作需要制定一种切实可行的制度。这套制度须简洁明了，操作性强，容易记住，以此杜绝或减少差错和事故。

她和当时任陆军总院护理部主任的张开秀谈了这个想法，张开秀也深有同感。两人立即分头准备。

110

在这期间,有个实习学生在工作中造成了一个比较大的失误,黎秀芳严厉地批评了这个学生。学生哭着说,她是因为护理一个病人,却没想到另一个病人会出问题。这件事给黎秀芳敲响了警钟,必须尽快拿出可行措施。她把这看做是和生命赛跑。

　　可护理工作内容繁杂,头绪多,应该从哪里入手呢？黎秀芳想起南丁格尔在《护理札记》中讲过护理工作需要精细的安排:

　　　　就像我在护理笔记中详细地讲到的那样,好的护理工作的所有成果都有可能因为犯了一个错误而全部付诸东流;那就是关于精细安排的问题,或者换个说法,也就是说是否知道怎样安排当你在的时候做什么,你不在的时候又该做什么。

　　这样的问题南丁格尔也曾遇到过,所以她说:

　　　　尽管这听上去有些奇怪,但是却是事实,然而很少有人真正地明确地考虑过这些事情,也很少有人知道究竟该怎么办。他们仅仅是要求忠实的朋友或是护士尽量不要离开他们的病人。

　　那么,究竟该怎么办呢？

　　无意中,黎秀芳看见了桌上的那本毛泽东著作,翻开的那页赫然写着书名《矛盾论》,她似乎找到了解决问题的关键,"矛盾无处不在,但因其对事物的推动作用不同而分为主要矛盾和次要矛盾,矛盾的各个方面在矛盾中所处的地位也是不一样的,这就是矛盾的主要方面和矛盾的次要方面。"

　　黎秀芳眼前浮现出两位病人,一位是重病人急需抢救,一位是慢性病人需要循序渐进治疗。同一位护士在护理工作中,对于护理的重点和时间的分配,是不是应该明确提出要求？她顺着这个思路越想越快,首先,是要按病人的需要把护理工作的重点列出来;其次,必须解决护理群体劳动的配合问题,也就是要分成几条线,各司其职,互相不重复而又不遗漏;再次,是解决医生和护士工作的衔接问题,也就是如何把医生的治疗方案与护理措施合理高效地连接起来,落实到病人身上;最后,就是每位护士必须按照一定的规程进行准确无误的操作。

　　"钥匙!这不正是我要找的金钥匙吗？"黎秀芳抓起一张纸,写下了"要解决护理工作的混乱现象,首先必须找准症结,抓住主要矛盾"这样的字句。

后来,有人说这场护理界的革命,源于黎秀芳的灵感突发。

其实并不尽然。这是护理历史发展到一定阶段之后的必然结果,是黎秀芳思索和总结的必然结果。如果说灵感存在,那也是她对护理工作强烈的热爱和责任心的必然结果。

她一头扎到临床护理实践中,反复观察,反复实验,终于总结出了"三级护理"、"三查七对,对抄勾对"等一整套护理理论和制度。

"三级护理"是根据病人病情和需要把护理工作分成三个等级。一级护理是对危重病员,这类病人病情十分危重,随时可能有生命危险,护士必须保证随时在位,医生开出的医嘱必须立即执行,遇到紧急情况随时准备抢救;二级护理是对重病员,这样的病人病情严重,但不一定随时会有生命危险,护士要随时查看,医嘱立即执行,同时注意对其生活护理;三级护理是对轻病员,这类病人生活基本可以自理,护士应该注重查看,医嘱可按每天常规执行。

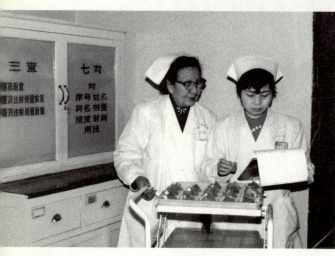

黎秀芳在检查"三查七对"护理制度落实情况

"三级护理"明确规定了对不同病情病人护理工作的要求和重点,同时,规定在病人的床头牌和护士办公室的床位表上要明确注明每位病人三级护理的级别,每天对一级、二级护理病人进行床旁交班,明确报告本班次的病情发展及处理措施。这样,每天上班的医生和护士只要浏览一下床位表,就可以知道哪些病人必须重点关注了。

黎秀芳还把普通科室的基础护理工作分为四条线:临床、治疗、巡回(责任)、总务(或称办公)。上临床班的护士主要负责完成生活护理,比如整理室内卫生,按照病情需要铺好治疗床、麻醉床,换洗病员衣物和被褥,送水送饭,洗头,剪指甲等;上治疗班的护士主要负责接待新入院的病人,进行摆药、发药、注射、穿刺、换药及其他与治疗相关的操作,还要迅速执行医生开出的临时医嘱;上巡回班的护士主要负责巡回观察病人病情,更换输完的液体并调整速度,送检各种化验、取药等,并准备中午或晚上的替班;上总务班的护士主要负责科室整体的管理和协调,进行药品的请领、人员的调配、病员的管理等方面的工作。手术室的护理工作略有不同,主要分为器械护士、巡回护士和总务护士三类。其中器械护士和医生一同上手术台,主要负责为进行手术的医生传递器械、穿针引线,巡回护士和总务护士基本职责与普通科室大体相同。几条工作线路各自相对独立,承担某一项任务的护士必须从头至尾完成所有工作,以保持纵向工作的连续性和完整性;同时各条线路又相互呼应,相互关照,相互监督,以保证同一时间上横向工作的整体推进,以防止遗漏和失误;通过每周排班对几条工作线路进行转换和轮休。

当这四条线井然有序地按照黎秀芳的想法在兰州军区总医院运作起来时,人们惊奇地发现,同样是这些护士,其工作忽然变得井井有条起来,每一个人都会在恰当的时间出现在恰当的位置上。如同浩瀚的星空,看似繁星点点,可是每颗星星都有着自己固定的运行轨迹。

而黎秀芳发明的"对抄勾对",是用来解决医生与护士工作衔接问题的。

医生每 24 小时换一次班,护士每 8 小时换一次班。在正规西医诊疗过程中,一般都是由医生对病人先进行全面查体,然后提出治疗方案,其中除手术等大项治疗医生承担外,其余的均须由护士完成;医生有处方权,而护士没有。因此,医生的医嘱是护理工作的唯一依据。但这就存在一个问题:医生的医嘱是否得到及时准确的执行?护理工作如何从制度上形成一个完整的回路,以确保与医生诊疗工作准确无误的衔接。

黎秀芳在反复试验的基础上,把大夫的医嘱记录分为长期医嘱与临时医嘱两类,并分别建立长期医嘱本和临时医嘱本。在病人的病历中设立与医嘱记录同样性质的护理记录,医生的每一项医嘱都可以在病人病历中的护理记录中找到;同时在全科室建立各种操作记录,比如:肌肉注射记录本、发药记录本、输液记录本、灌肠记录本及其他各种记录,并且规定这些护理操作记录的形成,必须遵循"对"、"抄"、"勾"、"对"的四个环节。第一个"对"是要按照医嘱本列出的床号和病人姓名找到病人病历,核对已经由总务护理抄到病历中的护理记录是否与医嘱相符,防止出现错误和重复医嘱的现象;接下来就是"抄",把医嘱的内容逐项抄到操作执行记录上,肌肉注射的抄到肌肉注射记录本上,发药的抄到发药记录本上,以此类推,然后即刻准备该操作,抄一项执行一项,不得多抄;再接下来由负责肌肉注射、输液或发药的护士按操作记录本统一执行,执行回来立即在该项医嘱的后面打钩,并签上名字,这就是"勾";最后,每天工作结束后,要由三名护士一起,一项一项进行检查。这一做法较好地解决了医护衔接的问题,提高了工作效率,同时还

能最大限度地减少差错和失误。

一整套"对抄勾对"执行下来,可确保每项医嘱都能得到准确的执行,只要有一个环节出现问题,就能及时发现并纠正。

这套程序出现在上世纪的 50 年代,但已经就采取了当今经济学家的 MBA 课程中流程管理的办法。当然,黎秀芳可能并不清楚 MBA 和流程管理的含义,她只知道,从此以后,医护工作需要按照这一规程有序进行。事实上,这套办法不仅让护理工作实现了规范化流程,也让与之衔接的医疗工作实现了规范化流程,可以说这种规范化流程推动了中国医学事业,特别是西医治疗模式的形成和完善,对中国医学事业的发展起到了很大的作用。

随后,黎秀芳又建立了"三查七对"制度。"三查"就是要求每位护士在进行给药、治疗、注射等任何一项操作之前、中、后,必须进行三次认真的检查;"七对"是要对病人的床号、姓名、药名、剂量、浓度、时间和用法进行对照查对。这一制度从根本上防止和减少了护理治疗中可能发生的差错。

人不是机器,是人就会犯错误。护士的精力和体力是有限的,误差在所难免。可是护士的工作关乎生命,是不允许犯错误的。"三查七对"多个步骤下来,护士工作中的错误率就降到了最低点。

黎秀芳的"三查七对"不仅解决了护理工作中的疏漏和失误,更重要的是她提出了一个全新的护理理念:护理是一门科学,必须用科学的精神和态度来认识和对待;护理工作绝不仅仅是端屎端尿、打扫卫生,而是与医疗同样重要的工作,而且这个工作直接关系到生命的质量,因此,绝不能有半点的马虎和敷衍。

"三级护理"、"三查七对"、"对抄勾对"这一整套理论和制度既相互呼应,又相对独立。在工作中它们既相互连接,构成了现代护理工作的有机整体,又突出解决了一些在护理工作中最普遍最常见的问题。

这一套理论提出并在总医院试行推广后,护理工作变得井然有序,人们很快感觉到这一制度的活力和张力,一学就懂,一用就熟,护理规程变得易学易记,学员们的实习适应期明显缩短。

有人形容黎秀芳的这套理论就好似钢琴的琴键,把音调好了,只要按照音阶去弹,就能弹出一首好曲子,而黎秀芳简直就可以被称作钢琴大师了。

黎秀芳和张开秀一起趁热打铁,根据这一整套制度的试行情况,很快写出了《三级护理》的论文,在《中华护理杂志》1956 年第 11 期(一说为 1955 年第2期)上全文发表。紧接着被前苏联《护士杂志》转载,很快受到了国际护理界的关注,引起了国内外护理界的轰动。当时,前苏联是社会主义阵营的老大哥,能引起老大哥的关注,也算是那时中国护理界的骄傲了。

求取经验的信函雪片般地向着黄河岸边飞来,参观学习的人们,从全国各大医院一齐向兰州军区总医院涌来。最多的时候,竟然有九十七所医院向兰州军区总医院派驻人员学习。刚开始,有的护理专家还不相信,特别是听说这一创新来自刚刚三十出头的年轻人,更是心存怀疑;来到总医院跟踪观察之后,终于心悦诚服地向全国大力倡导和推荐起来。

经过一段时间的推广,当时全国80%

黎秀芳参与编写
的护理理论著作

以上的省级以上大型医院采纳和实施了黎秀芳她们的护理制度,其后,所有的医院都以此为基础对护理工作进行了改革。时至今日,这套制度还被广泛运用着。

为表彰黎秀芳作出的突出贡献,部队授予她"甲等模范工作者"称号,1955年、1956年两次给她记三等功,数次推荐她出席全国卫生会议,她先后受到毛泽东、朱德、刘少奇、周恩来、邓小平等中央领导同志的接见。

有人说她提出的"三级护理"、"对抄勾对"、"三查七对"这套理论和制度,足可评个科学院院士,可是在那个特定的年代,她的研究成果注定要作为集体智慧的结晶而面世。在"反右"和"文革"中,由于她被作为"黑专"典型而受到迫害,致使她的研究和教学时断时续,直到"文革"结束后,她才因对护理事业的特殊贡献被授予第36届南丁格尔奖;在她退居二线三十年后,又被作为军队护理专家,给予了文职少将、技术特一级等荣誉。

黎秀芳提出的"三级护理"、"对抄勾对"理念,对我国护理事业的发展起到了举足轻重的作用。尽管随着电脑的普及,这些办法在形式上发生了变

化，比如，电子病历的出现，改变了以"对抄勾对"为标志的工作程序，护理工作流程更趋规范化、电子化，还有随着个性化医疗护理的开展，三级护理的含义也远比过去更为丰富，但护理工作制度的指导思想始终没有变，那就是尊重实际，突出重点，责任到人，删繁就简。这也正是黎秀芳为护理事业作出的最大贡献。

"尊重护士，爱护护士"

"尊重护士，爱护护士"是毛泽东主席早年的题词。1981年，全国中华护理学会名誉理事长邓颖超同志，在首都护士座谈会讲话中强调："全社会要尊重护士和爱护护士……护士工作是做人的工作，只有人的身心健康，才能创造物质财富和讲求精神文明。"为此，人民日报还发表了《不是亲人胜似亲人》的社论，以及《全社会都要尊重护士、爱护护士》的文章，引起了强烈的反响。随后，全国陆续创办了各种护理报刊、杂志等。不少有成就的护士还被提拔到各级领导岗位上。社会上基本形成了尊重护士的风气。

毛主席的题词、中央领导人的关怀一直激励着广大护士。从事护理工作的同志力争做到自尊、自爱、自重、自强，因而也赢得了人民群众的信赖。有些医疗单位成为全国"三八"红旗集体、全国卫生先进集体；不少护士荣获"三八"红旗手、模范护士、劳动模范、优秀护士、先进工作者等光荣称号。

王秀瑛，是黎秀芳在北京协和医学院的老师，也是我国第一位南丁格尔奖章获得者。1931年，王秀瑛在北京协和医院与燕京大学合办的护士学校获得护理专业文凭并留校任讲师。新中国成立后，她曾任中华护理学会副理事长，创办了北京第三护士学校。在她编著的《护理发展简史》一书中，特意录选了北京医学院附属医院一百一十七名老护士演唱的歌曲，歌中

黎秀芳参加医院组织的医护人员文艺演唱会(前排左三)

唱到："洁白的衣装,火红的心灵,胸中装满温暖的春风,解除生命的病痛,换来健康的笑容。我们的事业,就是这样的神圣,年年月月忙碌终生。"表达了护理人员对事业的满腔热情,为人民服务的荣誉感。黎秀芳非常赞赏,她说："人生的价值就在于奉献,为自己所热爱的事业付出代价,这是一种幸福。这首歌反映出了这种崇高的思想和美好的心灵。"

由于热爱护理事业,当黎秀芳看到一些从事护理工作的人改行当了助理员、秘书时,感到很是惋惜。在全军护理专业会和甘肃省护理学术经验交流会上,她多次呼吁护理人员归队,并耐心做一些人的思想工作。在她的努力下,有的打报告要转业到地方医院的,撤回了报告;已经到地方医院当了医师的要求重回卫校当护理教员;有些当了一年多专科军医的老护士也纷纷重回护理行业。

护理事业肯定不会永远像天空的彩云那样绚丽、动人。社会上也有人说护士是"高等老妈子","护士是侍候人的,不需要什么学问"。护理队伍中有的人也妄自菲薄,说当护士无非就是医生的嘴,护士的腿,端屎端尿,打针、服药,以致有些护士不安心工作。黎秀芳总是利用各种机会,不厌其烦地阐述护理工作的重要性。她说："这是因为有人看不到护理工作的重要意义和科学性,因而影响了进取心","护理学是一门应用科学,涉及面很广。要掌握它,必须熟悉基础医学、临床医学、心理学、教育学、社会学等多门学科。要当好一名合格的护士,并不是容易的事,从某种意义讲,护士是医疗工作的先行官"。

南丁格尔有一句话："护士,其实就是没有翅膀的天使,我愿终生守卫在这个神圣的领空。"这是南丁格尔用诗一样的语言向世界发出的誓言。有护士和天使佑护的人们啊,你们是幸福的。

但是,护士的待遇比医生要低很多,这也是现实中毋庸置疑的事实。黎秀芳在一次全军医学科学技术会议上,呼吁尽快改变重医不重护的错误观念和做法。时任中国人民解放军总后勤部部长的洪学智将军非常重视她的合理化建议,指示有关部门采取措施尽快改变这一状况。护士工作的地位以及待遇逐步有了提高。

随着医学模式的转变以及人性化服务的开展,护理事业还会有更大的发展空间。而这,也正是黎秀芳和她的后继者们的历史使命所在。

第九章　情感世界

修　女

　　黎秀芳的父亲青年时代是一个虔诚的基督教徒。记得当年在南京购置房子时，东挑西拣，最终买下的是一处与教堂为邻的宅子。所以说，黎秀芳的童年是伴着唱诗班的旋律度过的，而那向善向美的宗教音乐，也在她小小的心中种下了日后萌生的种子。

　　母亲去世后，黎秀芳常常会想起母亲带她去教堂做礼拜的那些日子。顺着长长的曲里拐弯的青石板路，看到尖顶的教堂就像是看到了天堂一般。

　　早晨九点半，黑衣黑帽穿戴整齐的修女，就会在教堂里做祷告。祈祷是修女们每天最重要的必修课。修女们在圣像前一排排站好，其中一个修女虔诚地从堆放得整整齐齐的圣书中抽出一本，开始大声朗读，其他修女要不停地画十字、鞠躬，并有规律地齐唱诸如"阿门"或"主啊"等祈祷词，每一声都有固定的音调和旋律。最后还是画十字，双膝跪倒，额头触地，画十字，起立，再双膝跪倒……如此反复数次。

　　修女是绝对禁止吃肉的，每个星期三(犹大出卖耶稣的日子)和星期五(耶稣被钉在十字架上的日子)都需要斋戒，再加上形形色色的宗教节日，修女们经常吃的食物也就是粥了。"不要存抱怨之心，想想在来世，饕餮之徒会被强迫吃生老鼠和毒蛇。"穿黑衣的嬷嬷们常这样说。这让黎秀芳每次喝粥的时候都情不自禁地、虔诚地和修女们一起感恩上帝。

　　对修女来说，顺从是美德。人生一切幸福都是上帝的关怀，一切不幸都是魔鬼在捣乱。人是无用、渺小并且肮脏的，信徒所能做的，就是祈祷，向上帝寻求帮助。只要你虔诚地祈祷，上帝就会来帮助你，帮助你的心灵和肉体。

这也是修女们矢志不渝的信条。

这些为了信仰，情愿把自己奉献给上帝而终身不嫁的女子，她们感动上帝的同时，也在感动着自己。

在西方，最早从事护理事业的都是一些修女。在战乱频繁的中国，修女们常常以上帝的名义，做着护士的工作，她们把拯救人间的痛苦看做是上帝交付于她们的责任。

有位叫安娜的修女，才二十三岁，已经在修道院里度过了两年的时光。她姿容秀丽，唇边永远挂着淡淡的微笑。安娜曾有过优雅而从容的俗世生活，有着高等师范学院的学历，还有一份让人羡慕的爱情。但她似乎有着与生俱来的宗教气质，大学刚刚毕业，她便毅然舍弃了世间优裕的物质生活，进了修道院。

黎秀芳问她："你为什么要当修女？就是为了把精神和身心都交付给上帝吗？"

安娜的双眼流露出信念的光芒，她颔首说："上帝把我的精神从痛苦中拯救出来。"她在胸前画了一个十字架。"我小时候不想做祷告，常常想向父母索要一些东西。现在才真正明白，圣灵给我的精神上的帮助才是世间最伟大无私的。"

"你现在快乐吗？"黎秀芳问道。

她可爱地眨了一下眼睛："非常快乐，因为上帝与我同在。我愿意做他的使者，给许许多多的人带去快乐。你呢，你快乐吗？"

黎秀芳摇了一下头，她不想说谎。

"要不要我帮你做弥撒，帮你走出心中的阴影？"安娜关怀地说。

"我没有必要忏悔，如果上帝要惩罚就惩罚我吧。"此时的黎秀芳已经下决心不顾父亲反对走自己的路了。

"不，上帝能原谅所有的人所做的一切事。因为上帝愿意拯救一切赎罪的羔羊。"

"我要走了。"黎秀芳说。

"你会不会再回来看我？"安娜在身后问道。

黎秀芳停下脚步，转身看着她。她甜美地笑着，似乎她的笑可以救赎一个人。

她身后白色的教堂庄严、神圣。黎秀芳看着她白色衣领衬托的那张白皙

的脸,仿佛插上翅膀就可以飞翔的安琪儿的脸似的……

后来,黎秀芳知道了南丁格尔,她总是有意无意地把安娜的这张脸看做是南丁格尔的脸,乃至从照片中见到真正的南丁格尔后,很长一段时间她都感觉不习惯,好像安娜那张脸才应该是南丁格尔。

此时,黎秀芳并不知道在印度,与她同一时代的一位叫做特蕾莎的修女,用她毕生的精力,在战乱频繁的印度战场上,扮演着白衣天使的角色。

直到1979年特蕾莎获得诺贝尔和平奖,她的事迹在全世界广泛传颂开来之后,黎秀芳才知道这位特蕾莎修女。

黎秀芳后来见过特蕾莎的一张油画,画上的特蕾莎没有穿修女们常穿的黑衣服,她身着宽大的白衣,围了一条蓝色的飘带。黎秀芳一瞬间感觉这飘带被风一吹,就可以带着特蕾莎修女飞起来,"天使一样的特蕾莎,飞吧,天堂留有你的位置"。再看画面上的玫瑰花瓣,仿佛刚刚采摘下来一样,这些为特蕾莎开放的玫瑰花,红得普通而圣洁。

贵族出生的特蕾莎从十八岁到八十七岁,在其漫长的一生中,把自己的一切都奉献给了穷人、病人、孤儿、孤独者、无家可归者。当她辞世的时候,她的个人财产仅有一张耶稣受难像、一双凉鞋以及三件粗布纱丽,一件穿在身上,一件待洗,一件已经破损……

在诺贝尔和平奖颁奖典礼上,特蕾莎说:"我是帮穷苦的人代领这个奖。我很高兴贫穷的人受到应有的注意。"当她得知颁奖后的国宴需花费七千一百美元时,她流泪了,向主管方发出真诚、柔弱但又难以拒绝的请求:能否把这次国宴的钱连同诺贝尔奖金一起赠给我。一顿豪华国宴只能供一百多人享用,却可以让一万五千名印度穷人吃一天饱饭。

特蕾莎比黎秀芳大七岁,她去世的时候八十七岁。她去世后的十多年里,这个世界改变了多少?一个明显的事实是,人世间的苦难并没有丝毫减少,令人沉痛与哀伤的事情并没有绝迹,贫穷依然像潮水一样,将一些人淹没。特蕾莎修女说过的那种比贫穷更可怕的"孤独与被抛弃的感觉",仍然钳制着众多的人。

特蕾莎修女使加尔各答数以十万计的苦难的人们得到关怀,她的仁爱与慈悲至今清音未绝,还将传诸久远。她用行动在告诉人们,这个世界什么是真爱,如何去爱。

安娜、南丁格尔、特蕾莎,一个个天使一样的人物,在黎秀芳的心中也许就是一个人,黎秀芳踩着她们的脚印,一步一步走到了今天。

在最早的护理教育中,"普世、救世"的宗教思想和早期的职业自律掺揉在一起,所以上个世纪初,许多接受过西医或护理教育的人,大都像修女那样把独身作为一个信条来执行。在黎秀芳曾经进修学习的协和医院里,她的许多老师都坚持终身不嫁的信仰,成为独身主义者。

黎秀芳她们上护校的时候,年龄大都十八九岁。有一次,一个同学没有毕业,就准备嫁人结婚了。同学们聚在一起嬉闹,说她没有信仰。

有人说:"我这一辈子,坚决不结婚嫁人。"

黎秀芳说:"就是,要做独立自由的新女性。"

有人回应道:"一结婚就会失去自由,就会成为男人的附属品,他会走到哪里把你带到哪里,像花瓶一样到处给人炫耀。"

黎秀芳想:"像我的继母那样,她简直就成了生育的工具,已经生了五六个孩子了,还一个劲儿地想要生,整天除了尿布就是尿布。一群孩子,就像是一群要食吃的小鸡,叽叽喳喳闹个不停。"

"再说,生孩子太恐怖了,俗话说'人生人,吓死人'。"

"还是人家修女好。要是中国人能做修女,我算一个。"

黎秀芳虽说没有当修女,但她间接地接受了修女的生活信念,她终身未婚,似乎可为例证。

第一次有人给她送糖

黎秀芳曾坦率地说:"独身不是奇怪的事情,这只是一个观念的问题,重事业的人许多终身不婚,南丁格尔就是这样。护理事业是一项需要倾注爱心的事业,我对自己的选择从没有后悔过。"

她曾对来采访她的人说:"别写我,没有爱情,没什么好写的,写了也没什么好看的。"但是,这也许并不是她内心真实的想法。

黎秀芳,一个从战火中走出来的女学生,为了毕生热爱的护理事业终身不婚的女子,到底为自己的人生书写了怎样的情感传奇呢?

"我还清楚地记得,第一次见到黎校长时,她穿着一身协和护士服,披着藏蓝色的斗篷,气质非凡,是我当时见过的最有风度的女子了。"兰州中央高级护校 1950 级学生郭维兰回忆。这也是那一时期见过黎秀芳的几乎所有人的印象。

在黎秀芳刚来兰州的一张照片上,她穿了一件蓝色花布旗袍,领口缀了花饰,精工的盘扣,头发稍稍烫成卷翘,用小卡子细心地别在耳后,一张娟秀的脸上洋溢着青春和微笑。好一个美貌与气质兼备的女子!

"我年轻时的老师就没有结婚,她取得了事业的成功,我很羡慕她。"黎秀芳说:"林巧稚未结婚,张开秀未结婚,我和她们一样,不结婚一是为了一心一意干事业,二是不愿当家庭的花瓶或奴隶。"

郭维兰说:"解放前都这样,女的一结婚就跟男的走了,成了家庭主妇,没有自己独立的事业。没听说黎秀芳有过爱情,但听人说年轻时有人追过她,不过后来就没有什么传闻了。因为她很严肃,男医生对她都不敢有什么想法。"

护校不是不食人间烟火的世外桃源,护校的女学员也常常会有人给提婚,也会有女生时不时地收到有人送来的一束鲜花或别的什么礼物。

黎秀芳上护校的时候,性格活泼,爱说爱笑,穿上一身白色的护士服更显得格外俏丽。她参加演出的话剧《南丁格尔》在学校轰动一时,一下子成了学校里的名人,没有人不认识这个漂亮的"南丁格尔"。

《诗经》云:"窈窕淑女,君子好逑。"漂亮的女子向来不会缺少追求者。

实习的时候,有一位医生喜欢上了她。

"小黎,能请你吃个饭吗?"人家诚心地邀请她。

"不行。"她常常会一口回绝。

常言道,"精诚所至,金石为开"。可是,不论怎样地跟前跟后,黎秀芳像块石头,似乎就是把炉子烧红了也焐不暖她。

有一次黎秀芳过生日,也不知那位青年医生从何处打探到的,他趁黎秀芳还没上班,悄悄地在黎秀芳护士服的口袋里塞了一包糖,还写了张情真意切的纸条给她,祝她生日快乐。

糖,特别是用花花绿绿的糖纸包的糖块,在那个时候可真正算得上是奢侈品了,大多是由外国进口的舶来之物。物以稀为贵,其表达的情意可想而知。

后来黎秀芳回忆道,那是她人生第一次有人给她送糖。

黎秀芳一下班,就拿着糖去找那位医生,委婉地回绝他说:"我还小,现在只想当一个好护士,其他的事情不想考虑。"

那位医生面红耳赤,难堪极了,他说什么也不肯收回那包糖。

黎秀芳最终接受了那位青年医生的糖，却没有接受他进一步的殷勤和爱意。

黎秀芳一遍又一遍地读《南丁格尔传》。

南丁格尔收到了爱情的橄榄枝时是怎么办的呢？

在一次宴会上，南丁格尔结识了年轻的慈善家理查德。理查德对她一见钟情，两人一起谈诗作画，十分愉快。在南丁格尔寂寞无助的时候，理查德给她寄过数不清的信笺，给过她很大的精神安慰，她也曾把理查德称为"我所崇拜的人"。但是，当理查德向她求婚时，南丁格尔最终还是拒绝了他。她给理查德写信说："我注定是个漂泊者。为了我的使命，我宁可不要婚姻。"

此后，南丁格尔拒绝了所有的求婚者。

黎秀芳想要做中国的南丁格尔。

她喜欢说的一句话是："专注事业的人生，才是真正的人生。"

医院领导和卫生部的领导都曾热心地为她介绍过对象，可她总是太忙，忙得甚至连委婉一些谢绝的时间都没有，她总是直截了当地说"不"。

她有她的爱好和寄托。她喜欢集邮，喜欢看电影，喜欢游泳，喜欢养花。

黎秀芳养花很认真，什么时候浇水，什么时候上肥，什么时候除虫，什么花有什么习性，她都如数家珍。

她说："喜欢花的人都是善良的人。"

她还说："花种下去，就像等着一个将要揭开的秘密那样，让人充满期待。"她是把养花当成了培养护士。

她喜欢读英文。她始终认为英语是打开世界的窗口，也是进行学术交流的重要途径，所以她在护理教育中执拗地坚持英语教学，甚至她在八十多岁时还要请人读英文报纸给她听，她说那是一种音乐。

黎秀芳曾说过，一个人除了爱情之外，更高尚的还有对神圣事业的追求。为了护理事业，她孑然一身，却终生无悔。

没有姓名的爱人

1943 年，黎秀芳在兰州国民党中央医院做护士。有一天，接来的伤员中有一位青年，一脸紧张的样子。黎秀芳给他做了例行的常规检查，那青年伸出一只手，紧紧地握了一下她的手，眼神中透露出恳求和期盼。

黎秀芳下意识地感觉到这个青年人肯定有什么特殊的原因和要求，只是不便当众说出。她让人把这个伤员抬到了一处僻背的墙角安顿下来。等到没人后,那青年开口说:"小妹,救救我,我被国民党特务追捕,情急之中才混到伤兵之中,他们找不到我也许会来这里搜查的。"黎秀芳发现他只是腿部受伤,未伤着骨头,紧急处理和包扎之后,便把他临时藏在了女生宿舍。果然没多久,国民党特务就到医院进行了搜查,好在女生宿舍没有引起注意。

"人都走了,我送你出去。"

"我哪里也去不了。"

"你的伤不要紧的。"

"不是伤的问题,我是八路军驻兰州办事处的工作人员。八路军办事处被国民党查封了,他们杀害了我们许多同志,有幸逃出来的几个也跑散了。现在外面到处是哨卡和特务,你说我能到哪里去呢?"

"那这女生宿舍也没法藏你,住着十好几个人呢!"

"要是在战场上,我才不受这种被追来堵去的窝囊气呢!"

"你上过战场?"

"我不但上过战场,还亲手杀过十多个日本鬼子。"

"你真了不起。"

"了不起的人太多了,我只是战场上的一个新兵。"

"那我把你这个新兵救到底吧。"

黎秀芳把他藏在了医院附近一座废弃的仓库里面,悉心照料,直到他的伤口痊愈,才悄悄送走了他。

这个重新回到前线去的青年人经常给黎秀芳写信,除了报告他在部队的生活以及一次又一次的战斗之外,还流露出了对她的点点滴滴的爱慕之情。无形中,他的思想影响着黎秀芳,她也对共产党人也渐渐有了切实的不同寻常的好感。

张开秀察觉了,悄悄问她:"你向往共产党吗?"

黎秀芳回答说:"我只是敬佩他们的精神,记得我曾经救过的那个青年人吗?他常给我来信,讲他们的主义讲他们的信仰,也讲一些共产党人的事情,真要像他说的那样,这个社会就好办了。"

"是吗?"

"是的!"

"你笑啥?"

"我笑你有点像在恋爱了。"

　　张开秀说："秀芳,你不至于会选择一个共产党的军人吧？"

　　黎秀芳说："我起初是同情他,现在是敬重他。"

　　"你们信中表示过什么没有？"

　　"没有,我只感觉他有一颗火热的心。"

　　"你怎么知道他的心是火热的？"

　　"那是你没看过他写的信,在前线的战场上,一个连一个连的士兵都牺牲了,从死人堆中爬出来的他,刚缓过一口气,就给我写了一封信。"

　　"你动心了？"

　　"我是担心,他可真是一个勇敢的人。"

　　黎秀芳和张开秀坐在黄河岸边,哗哗流淌的黄河让她们读出了许多对人生的感悟。

　　"你说这人活着到底为啥？"

　　"哎,这人活着为啥,谁也说不清楚。既然上帝给了我们生命,最起码得让你干点啥,不然活着也是枉然。"

　　"你想家吗？"

　　"想,你呢？"

　　"我也想家,特别特别想我父亲,前一封信他说和英国人劳森率战地慰问团到了贵州,之后就再没收到过他老人家的信,我很担心。"

　　"你也担心那个人？"

　　"他说他失去了亲人,我就是他最后一个亲人了。我想给他温暖,我不想让他失望。可是,你知道,我早已经下决心要独身了,我的心早已被一个梦占满了,挤不进任何别的什么了。"

　　黎秀芳不时地收到从战场上寄来的书信,她常常边看信边悄悄地落下眼泪。

　　那人在一封信中说自己受伤了,不过不要紧,只是子弹穿透了小腿,并没有伤到筋骨。黎秀芳担心了很长时间,这个傻瓜,怎么又伤到了腿？这一次,要是自己能在他身边就好了。她又偷偷地笑自己更傻,虽然是天各一方,但她总是有些害羞地牵挂着另外一个人。

　　一封封激情迸发的信,使她不得不正视他的这份感情。这是一个热血男儿,是一个钢铁汉子,是所有在抗日前线杀敌的勇士中的一个。他在黎秀芳

的心中有时以一个群体的形象存在着,有时又以一个偶像的形式存在着。医院的工作很忙,每天都有许多从前线下来的伤兵,黎秀芳精心地呵护着他们,仿佛她面前的伤兵就是那个人一样。她从不对伤兵大声说话,她的细心温柔让所有的伤兵都觉得亲切可爱,他们私下里都说,她像天使。

战争残酷无情,医院里住着越来越多的伤兵。

有一天夜里,她从梦中惊醒。她叫醒张开秀:"你害怕过吗?我最近常常会从梦中惊醒,觉得心里很害怕,你说我是不是病了?"

"你啊,是因为心中有了爱吧。"

"爱会让人害怕吗?"

"爱会让人觉得应该更加珍惜生命吧。"

爱确实是微妙的东西,黎秀芳的脸发烫得热。

爱在身体里产生的奇妙的反应,让她在某些方面很坚强,在某些方面又很脆弱。

忽然,没有了来信。抗战胜利后很长一段时间,她再没有收到过他的来信。后来,有人辗转转来一个包裹,里面有一枚军功章、一个日记本、一支钢笔和几封她写的信。来人说,找不到烈士的家人,遗物里有几封她写的信,于是便把烈士遗物送到她这里来了,并希望她能设法转交给烈士的家人。

黎秀芳忽然想起那个青年人在信中说的一句话:"杀完日本鬼子,我会带着军功章来见你的。"

她想哭。他们甚至还没有来得及向对方明确地表白什么,就什么都没有了。她的那一点点爱,在战火中转瞬便消失了。

那是一个冰凉的、早已没有了体温的包裹。

黎秀芳慢慢地把包裹贴到脸上,眼泪不可遏制地汹涌而下。

黎秀芳保存着那份遗物,神圣得如同珍惜自己的生命,从不示人。

对于爱本身来说,瞬间似乎就是永恒。

黎秀芳晚年写的回忆录中,没有提到是否恋爱过。

别人都不知道她还有这样一段情感经历。这个故事,是张开秀说的。

心中的偶像

1957年12月13日,黎秀芳被医院选派到北京参加全国中华护理学会代表大会。那天,黎秀芳提前进入会场,坐在座位上正低头整理文件,忽然听

126

到周围人群一阵喧哗,接着有人喊了一声:"周总理来了!"

黎秀芳抬起头,寻声望去,一行人刚刚进入会场大门,正向这边走来,大步走在最前面的,是身穿深蓝色中山装的周恩来总理。总理神清气爽,脚步轻盈,宽阔的额头,睿智的笑容,边走边向大家点头致意,受过伤的左臂微微向前弯曲,行走中还优雅地轻轻摆动。眼前的景象如同一道阳光随着打开的门缝射入心中,黎秀芳只觉得眼睛发酸,鼻腔发痛,心脏猛地抽搐了一下——这个身影与她记忆中的另一个身影如此相似。她突然忘记了自己所处的时间和地点,像个孩子一样被幸福和激动所包围,仿佛是那个远隔千山万水的人,一步步地走近自己……

总理越走越近,黎秀芳不知什么时候已经站立起来,她感到一股巨大的热量向她冲来,仿佛太阳正在渐渐逼近。她的双眼模糊了,她想看清一切,却偏偏什么也看不清。周总理一边快步走向主席台,一边环顾周围,向欢迎的人们致以微笑,当他看到站在离通道不远的座位前的黎秀芳时,似乎怔了一下,想起了什么。总理停了下来,径直走到黎秀芳的面前,注视着她。尽管在这之前,黎秀芳也曾在一些会议上远远地见过总理,但这么近的距离还是第一次。周围的代表们看到总理走近了大家,全都无比激动地鼓起掌来。

总理向黎秀芳点了点头,微微笑着,用眼神示意周围的掌声停了下来,然后用浓重的南方口音问了一句:"你姓黎,在西北工作,是吗?"黎秀芳如梦初醒,她的脸红了,她迅速调整好自己的神态:"是!您的记忆力真好!我还在兰州工作。"她听见自己的声音就好似儿时教堂里唱诗时的声音一般纯净。总理点了点头,向黎秀芳伸出右手,黎秀芳下意识地伸出双手握住总理的手。她看到周总理眼中的信任和关切,听到总理赞许地说:"很好,西北需要人!"这时,会场的预备铃声响了,总理抬头看了看周围的人,再次向黎秀芳点头示意,转身向主席台走去。

黎秀芳站在原地,刚才几分钟近乎停止跳动的心脏猛烈而迅疾地跳动起来,浑身的血液沸腾腾了一样,身体几乎不能移动,眼泪像炙热的温泉水,顺着滚烫的面颊跌落下来。这一刻,也成了她终生难忘的瞬间。

这次相见,总理触动了黎秀芳心底里最柔软、最敏感的神经,让黎秀芳不由得想起了久别的父亲——风流儒雅的"老夫子"黎离尘。

一个是新中国万人仰慕的总理,一个是蒋介石器重和信任的高级幕僚,作为刚刚成立的新中国的一员,黎秀芳知道,这种感觉无以言说,她甚至不

敢把周总理往"父亲"这个词语上去联想,可是她却自然而然、无法抗拒地对周总理产生了强烈的亲近感。

就像一个与家人走失了的孩子,在人群里看到一个和父亲相似的身影,跑过去抓住人家的衣襟,才发现并不是自己的父亲,但被抓住的人却并没有吃惊,反而像父亲一样慈祥而充满关爱地笑了,于是在这个孩子的心里,就会认定这笑容正是父亲的笑容了。

黎秀芳就是这孩子,周总理的笑容和问候让她深深地感受到家的温暖。

周总理和黎秀芳的父亲黎离尘,在"西安事变"中曾经有过接触。

1941年,叶挺将军遇难后,周总理手书"同室操戈,相煎何急"的抗议发表于报纸,此时黎离尘正服务于报界。第二次及第三次国共合作期间,周恩来多次接触国民党高级官员,特别是解放战争开始前后,周恩来与李宗仁等多次会晤,那时,黎离尘已官至少将,多次参与会晤。"西安事变"中,黎离尘跟随宋美龄,与周恩来频繁会晤谈判。黎离尘在日记中写道:"三十五年一月(1947年)奉派赴北平筹措招待军调部同人事,居北平者三月。时我中央冀於抗战胜利后休养生息,遂应美方马歇尔元帅之请,与共党商谈和平解放之方法,苦心孤诣,委曲求全……"

日理万机的周总理记忆力惊人,他也许是从参会的几千人中,认出了面容酷似父亲的黎秀芳。周总理的问候让黎秀芳热泪横流的同时,也让她深深地想念起了自己的父亲黎离尘。与父亲分别时的酸楚还历历在目,如今一晃五年,其间发生了多少巨大的变化,发生了多少人世间的悲欢离合。

新中国的政治局面,让黎秀芳忌谈父亲,她总是无法把父亲与"敌人"画上等号。周总理的亲切关怀和谆谆教诲,又让她再次感受到了父亲般的温暖。

人们年少的时候,总想摆脱父母像小鸟一样自由飞翔,待到成年之后,才体会到父母的关爱是无可替代的亲情。

黎秀芳知道,周总理代表的是共产党,是组织。这一次她重新对"组织"这个词有了新的定义,她有一种强烈的亲近感。

又是一个不眠之夜,她动笔写下了人生的第二份入党申请书。

第十章　信念如磐

丁酉记事

丁酉记事，也就是说 1957 年的事情。

这一年许多文化人都被定为右派，他们相互之间因此也就解嘲戏称为"丁酉同年"。那时候的政治空气很紧张，人与人之间的关系变得很微妙。似乎人人都在埋头工作、埋头学习，或者干脆就是埋头写检查。每天都要开会传达上级精神，搞得人们心情烦闷。一场政治暴风雨即将来临。

1957 年 4 月，中共中央决定在全党进行一次反官僚主义、反宗派主义、反主观主义的整风运动，发出了《关于整风运动的指示》。毛泽东部署了对所谓右派的反击，于 6 月 8 日由中共中央发出了《关于组织力量准备反击右派分子进攻的指示》，这场运动随即被严重扩大化，许多高级知识分子受到了冲击。声势浩大的反右政治运动一直到 1957 年 10 月中央八届三中全会后，

"文化大革命"游行场面

才基本结束。1978 年根据党中央的指示,对被错划成右派分子的同志作了实事求是的改正、平反。但许多人由此而受到的心灵上的伤害,却是永远无法弥补的。当时,仿佛一夜之间,人们的思维就发生了某种根本性的变化,革命队伍中出现了两个阵营、两条道路和两种命运的斗争。对于每一个革命群众,选择站在哪条路线上,就有可能会出现完全不同命运的结果。

黎秀芳凝视着教学楼前那条静谧的小路,此时已经落满了金黄的杨树叶,绚烂中透露出的是凄惨。黎秀芳似乎感觉到了秋天的凉意,她不由自主地打了一个冷战。

连续十几天了,医院和学校召开了一连串会议,传达上级精神,然后让每个人发言。大家都不知道应该说些什么,会议在沉默中一直拖延到下班。后来,有些人开始提出一些问题,再后来,有些人变得慷慨激昂起来,会场乱哄哄的。这样的情况持续了好几天。

那一天,黎秀芳没去开会。会后,她被告知已经被内定为"中右"分子了。

她问:"为什么?"

回答说:"有群众反映,你讲的伦理学、心理学、营养学,是宣扬资产阶级的东西,你培养的护士,不是为广大贫下中农治病的,是资产阶级的高级服务员,你推行的学校管理是资产阶级的卫生路线。"

黎秀芳被迫写了一份长达十页的思想认识,深刻地检讨了自己各方面的不足,同时,也写了对共产党的热爱和自己想入党的愿望。负责运动的政工干部粗略地翻了一下说:"你这种人还想入党?趁早打消这个念头,回去继续检讨自己的资产阶级思想吧。"

黎秀芳苦苦地思考自己几十年走过的人生之路,感觉还是问心无愧的,主观上一直是热爱共产党热爱祖国的。她一遍又一遍地写的所谓检查,总是一遍又一遍地被说成不深刻、不彻底,没有挖到资产阶级思想的深处。

黎秀芳只能努力地工作,每天多查几次房,多去关心一下病人,可这样一来,又说她是在拉拢人心,在腐蚀人们的思想。甚至说她和张开秀姐妹般的友情是臭味相投,是一对资产阶级的臭小姐;说她们爱跳舞爱游泳是留恋小资产阶级生活方式,是不想向党和人民靠拢,是有意脱离群众。有人在大会上讲,黎秀芳和张开秀这些旧社会培养的人,要深刻接受再教育,还说什么世界观的改造是一场你死我活的斗争。

有人说黎秀芳在国民党时代和共产党时代都是"红人",国民党时代是校长,共产党时代又混了个人民代表、政协委员,还是资产阶级学术权威的董事,是彻头彻尾的墙上芦苇,典型的两面派。

几个月之后,有人通知黎秀芳,让她到院办工厂去参加劳动。

黎秀芳被安排打扫厂区,她觉得害臊没脸见人,于是特意给自己做了一个大口罩戴上。后来,她慢慢发现不是自己羞于见人,而是别人怕牵连,总是有意躲着她。有一次,她老远看到一位过去曾经很要好的同事从对面走过来,正准备上前打招呼,人家却装作咳嗽的样子躲到一边去了。又有一次,她的几个学生从她身旁走过,竟然全都装作没看见她似的走过去了。

她感到极端委屈,反复问自己:是不是我有什么确实做得不对或是不好的地方?不是说惩前毖后、治病救人吗,难道连改正的机会都不给?她实在想不通,痛苦憋屈,一下子就病倒了。

她浑身浮肿,神经衰弱的老毛病复发了,头一阵阵刀剜似的痛。

黎秀芳觉得自己陷入了无边的孤独中。

这一天,她发着高烧,到了打水的时间,她起床步履蹒跚地挣扎着去打水。向来注重仪容仪表的她头发很乱,狼狈到了极点。有人嘲笑说:"瞧,才是一个'中右',就装得像是个'老右'。"

"这大户人家的小姐们就是不一般,当演员肯定会演得更好。"

"我看是自作自受,活该。"

黎秀芳听着这些话,忽然觉得自己不能这么窝囊,不能这么软弱,一定要坚强起来,不能再让别人看自己的笑话。

黎秀芳骨子里倔强和不服输的性格一下子复苏了,她对自己说,决不能倒下。她开始强迫自己吃饭,她想办法弄了些中药熬着吃,并不断地鼓励自己:"一定要好好活下去!"

1956年肃反运动中,黎秀芳的家庭被定为旧官僚,因此,家庭出身便成了她要求入党难以逾越的障碍。但黎秀芳深深记得,彭德怀元帅说过,我们党是讲成分但不唯成分论,重在个人表现。

其实,她的所谓复杂的海外关系,并不复杂。她和父母亲及弟妹自1949年起就断了音信,天各一方,相互之间没有任何联系。只是1950年组织上号召凡有亲属在海外的同志应该向亲人写信,动员他们及早回到祖国怀抱,黎秀芳才给父亲写过一封英文信,但是信发走后却杳无音讯。

反右斗争结束以后,鉴于扩大化的问题,进行了部分地甄别平反,黎秀

芳回到工作岗位上。1960年12月，护士专修科改编为军区卫生学校，规模明显扩大，所设专业包括军医班、军区进修班、护士班、司药班、检验班、放射班等，每年在校的学生约五百人左右。黎秀芳被任命为副校长，主管教学工作。

担任军区卫生学校副校长的黎秀芳

1962年3月，周总理在国家科学工作会议上提出落实知识分子政策，指出："我国的绝大多数知识分子已经是社会主义人民的知识分子、劳动人民的知识分子，是国家的主人翁。"这就是著名的"脱帽加冕"，即脱资产阶级知识分子之帽，加劳动人民知识分子之冕。

没有怨气和不满，黎秀芳和绝大多数知识分子一样，又以满心的感激和理解投入到工作当中。黎秀芳还向组织上又一次递交了入党申请书。

黎秀芳治校之严是有名的，但严中充满着爱。一点一滴的错误，她都不会放过。医院规定，患者吃中药时，护士必须拿着药房煎好的药到蒸锅里加热后再服用。有一次，黎秀芳看到一名护士将煎好的中药倒在一个铁缸子里，放在电炉子上加热，就质问她："你怎么用电炉子加热呢？"

那名护士不以为然地说："不都是加热吗？这样既省事又方便。"

黎秀芳说："这样是省事方便，但会使药性减少许多，患者相信我们，才把生命交给我们，我们这样做，怎么对得住他们的信任呢？"

听了黎秀芳的话，小护士不好意思地低下了头。这件事后，黎秀芳在课堂上给学员们再次规定："给患者加热中药，必须在蒸锅里进行。"从此，很少有人再敢偷懒了。

讲台上，黎秀芳动情地讲述着："护理是人类的需要。护士肩负的使命是维护健康、预防疾病、恢复健康和解除痛苦。珍惜生命，尊重人类尊严，不受国家、种族、信仰、肤色、年龄、性别、政治和社会地位的限制，是护理职业所固有的道德观念和规范……"

学员中流传着很多黎秀芳的故事。

一天夜晚，还在担任医院护理部副主任的黎秀芳走进住院部，一个科室一个科室地检查护士值班和病人的护理情况。外科监护室里值班医生和护士正忙着抢救一位被汽车撞伤的病人，病人的头、胸和腿都严重受伤，神志不清，危在旦夕。输血、测压、打针、送氧，护士一个人忙得大汗淋淋，晕头转向。见此情景，黎秀芳挽起袖子就干了起来。楼上、楼下、血库、药房，一晚上下来，最后连站都站不住了。病情稳住了，刚想喘口气，一口痰和淤血又卡住了病人的喉管，呼吸停止了。"快，把痰吸出来！"黎秀芳一边说着，一边把吸痰软管插入病人的口腔。可是，堵得太实了，连续试了三次都没有吸出来，病人的脸已开始变白，脉搏都没有了。黎秀芳没顾得上多想，一边俯下身子，口对着病人的嘴用力进行人工吸引，一边指挥护士在胸部进行按压。只听"扑哧"一声，痰被吸出来了，呼吸慢慢恢复了。病人得救了，这时大家才发现病人的血和污物喷了黎秀芳一脸一身……

这样的经历，黎秀芳在多年的护理生涯中不知遇到过多少次了。

快乐可以接受，苦难同样应该承担

1966年初，黎秀芳和一些卫校的工作人员一起组成"社教工作队"，到宁夏农村开展"社会主义教育"、搞"四清"（即清政治、清经济、清组织、清思想）。

1966年10月，社教工作组结束了在宁夏农村的社教工作奉命返校。

"无产阶级文化大革命就是好，就是好"的歌声亢奋地在城市上空回荡着，黎秀芳感觉到空气中弥漫着一种异样的氛围，她似乎预感到有什么事情要发生了。

铺天盖地的大字报，从正对学校大门的花园照壁到礼堂高高的侧墙上，层层叠叠，尤其刺目的是在她的名字上打了红叉的大幅标语，血红血红的红叉刺得她心痛。

史无前例的无产阶级"文化大革命"，像一颗颗精神原子弹，在神州大地上爆炸了。

学校不是真空，也迫不及待地卷入到了革命的浪潮中。

日夜的辩论，剧烈的争吵，行动胜于语言，拳头代替了舌头。"文化大革命"像一个筛子，无论谁都要在这个筛子上过滤一下。

面对着一张张侮辱人格的大字报，黎秀芳被要求不但每天面对着墙大声诵读，还要她"对号入座"。所谓的"对号入座"，就是每天必须在食堂前贴的大字报中找到一段批判自己的话，先当着大家的面朗诵一遍，再抄下来贴在饭桌前，然后才被允许吃饭。吃饭时，饭桌上还要放上解剖用的骷髅。造反派们认为，只有这样才能让这些所谓的"资产阶级反动学术权威们"害怕，才能老老实实交代自己犯下的罪行。

黎秀芳在绝望的边缘徘徊，世界疯狂了，黑白颠倒了。

她被关在解剖实验室里，被逼着在一堆堆的死人骨头和骷髅旁边睡。造反派想用这种办法摧垮她的意志，逼她就范，逼她交代所谓的莫须有的罪行。但黎秀芳是一个彻底的唯物主义者，她从容地收拾整齐尸骨，分类放好，然后躺在长条椅上休息，她脑海里全是生与死的思考。

黎秀芳想，有人说死是一种解脱，那是对生命的放弃，对责任与义务的放弃。生命是父母给予的，自然造化既然赐予了我们生命，同样也就赐予了我们苦难与快乐，快乐可以接受，苦难同样应该承担。

造反派问："黎秀芳，你为什么不结婚？"

她说："不结婚也是罪过吗？"

他们说："反正不对劲！"

黎秀芳理直气壮地回答说："我不反对别人结婚，但是我为了事业也有一辈子不结婚的权力！"

长期以来不少人都认为这似乎藏匿着诱惑人的秘密，总会有一些难以启齿的东西吧。黎秀芳从不忌讳这一问题。

她说："五四运动之后，女学生上公学的问题解决了，人们都在寻求新的女性，女性解放。可我们看到许多女生，在学校时口号喊得很响，一旦结了婚，就失去了参加社会活动的自由。嫁给高门富贵人家，就被当做花瓶一样，成了摆设；嫁给穷困人家，要为养儿育女，为生活而操劳，甚至一生只能围着锅台转，哪儿还有精力搞事业呢。一个人除了爱情之外，毕竟还有对神圣事业的追求，所以，为了事业，我甘愿一辈子不结婚。"

"那么你恋爱过吗？或是失恋过吗？"

黎秀芳年轻时，倾慕者、追求者接踵而至，可她不愿向人们谈起这些，只是淡淡地说："我已经说过，我想独身的念头早在上学时就有的。"

有一天，造反派小将勒令她摘下领章帽徽接受批斗。

黎秀芳说:"领章帽徽是军区党委宣布命令让我佩戴的,你们没有资格让我摘掉。"

造反派们恼羞成怒,几拳过去,她感觉身体和地面猛烈碰撞,再后来,就失去了知觉。等她醒来时,才知道被人从二楼推了下来,两条肋骨及股骨骨折骨裂。

黎秀芳在农村巡回医疗期间,搀扶一位患病的大娘。

她蜷缩在一间狭小的杂物间里,断了的肋骨随着呼吸起伏,刮擦着她的肺部,使她止不住地咳嗽,而咳嗽又让她的腹部疼痛难忍。她昏昏沉沉睡着,迷迷糊糊醒来,她想自己可能已经没有办法活下去了。在又一次的昏迷之后,她感到有人走了进来,还听到来人压低声音急促地说:"校长,你要保重!"

黎秀芳躺在床上任由眼泪肆意奔流,她想起了许多过往的情景,那些奋斗的日子,工作的快乐,和学生们共度的时光,一一呈现在她的眼前。那些有笑有泪的日子,现在想起来都是幸福的。回忆就像一剂止痛药,她挣扎着爬起来,拿起学生送来的那一点食物,咀嚼起来。黎秀芳以顽强的生命力又一次战胜了绝望和死亡。

在"文革"最为残酷的时期,周恩来总理通过各种渠道,运用各种手段,保护了一大批知识分子。当周总理得知黎秀芳的情况以后,就通过甘肃省委和兰州军区,特意安排黎秀芳参加巡回医疗队,到全国最干旱贫困的甘肃会宁去巡诊。

黎秀芳原本是一个非常爱干净的人。刚去会宁的时候,她看到老乡赤着脚干活,用手抓拾牛粪。不要说洗澡,就连洗脸水也要节约了再节约,许多人仅仅是噙一口水喷到手上,抹一把脸就算了事。每到吃饭的时候,黎秀芳总是难以下咽,疑心饭菜不干净。

淳朴敦厚的乡亲们,总是想方设法为医疗队的医护人员每天每人端上一杯用以洗漱的水。这在滴水贵如油的会宁,可算是丰厚的礼物了。

特别让黎秀芳感动的是,她在村子里得到了应有的尊重。村民们不管你是什么"改造对象",他们只认得大夫。黎秀芳刚到会宁的时候,有一位中年妇女找到她说要看病,可黎秀芳问起她具体得的啥病,她怎么也不说,嘴里只一直嘀咕着:"羞死了,羞死了,得上这种病真是羞死人。"

黎秀芳看着她为难的样子,明白了她得的一定是妇科病。因为缺水,这

135

儿的妇女没办法洗澡，外阴感染是最常见的疾患了。黎秀芳耐心地说服患者为她做了检查。原来这个妇女患的是子宫下垂，她的内裤浸着厚厚的一层干血，两腿内侧因为长期摩擦溃烂，一股难闻的腥臭味扑鼻而来。

黎秀芳知道，这种病最主要的原因就是长期的营养不良加之负重劳作，以及卫生条件太差造成的。黎秀芳让她平躺在土炕上，在没有药物的情况下，用盐水给她清洗，用艾叶给她熏蒸消毒，然后再用自制的草药敷托揉搓按摩，教她如何保养等注意事项，告诉她睡觉时臀部要垫高。老乡问臀部是哪儿，黎秀芳便开着玩笑说："就是你的屁股呗！"

这位妇女的病被治好了，消息像风一样传遍了附近的十里八乡。

动乱的年代，医护人员不敢钻研业务，怕被戴上"走白专道路"、"妄想成名成家"的帽子。医院原有的实验动物被卖、被杀、被吃掉。记得那年，黎秀芳被下放到医院工作时，她曾三番五次找领导，阐述建立动物实验室的必要性，直至医院又重新建立起二层楼的动物实验室、病理解剖室和饲养实验动

黎秀芳与同事在会宁会师楼合影（第二排右四）

136

物的房舍。

为购买实验动物，黎秀芳到处奔跑精选动物良种，挑选符合实验要求的狗、兔、羊、小白鼠、荷兰猪等。实验动物有了，饲料来源又十分困难。为了给二三百只动物报"户口"，办粮食关系，她不知跑了多少路，盖了多少公章，说了多少好话。报上户口后，她拉着架子车，一次又一次地把饲料从粮站拉回医院。每天晚上，她躺在床上时，就感到全身瘫软，到处疼痛。

为了节省国家经费开支，她经常和动物房的工人一起到市场买最便宜的萝卜、白菜、洋芋，提着篮子到各食堂去拣菜叶子、菜帮子，拎着桶到各病房收集剩菜剩饭。

黎秀芳坚持经常学习马列和毛主席著作

在研制、筛选气管炎的有效药物时，她跑十几里路运回猪苦胆。她的助手是城市里长大的年轻女护士，到郊外菜地里挖蚯蚓时，女助手看到长虫一样的蚯蚓，吓得不敢抓，更不敢洗，黎秀芳就带头卷起袖子洗，在她的带动下，这位女护士后来成了她的好帮手。

她还琢磨出了新的治疗方法，那就是针灸结合中草药补中益气汤，收到了好的效果，一时老乡竞相传诵黎大夫是神仙下凡、华佗再世，大家争相请黎秀芳到家里去吃饭。看着一个个饿得皮包骨头的孩子盯着自己手中饭碗的眼神，她又怎么能咽下那口饭呢？她只能推脱说刚刚吃饱了，然后就放下还没有动筷子的碗。

有一天，她饿昏在了路边。当她醒过来时，发现自己的上衣口袋里有一只黑瘦的小手伸进来，一摸，原来是一把炒豆子。那可是贫困山区孩子们活命的口粮，这让她一辈子都难以忘怀。

后来的岁月里，只要有好吃的饭菜摆在黎秀芳面前，她就会想起那把炒豆子。

几个月的巡回医疗活动结束了。回到兰州以后，她又被关进了牛棚。住牛棚的三年多时间，她每天除了劳动就是写检讨，学马列和毛主席著作，进行思想改造。专业书都被红卫兵烧毁了，她只能凭记忆背诵以前背过的专业

文章。

有时,一本又一本的书从黎秀芳的脑海里掠过。她想起上学时协和大学图书馆里,一眼望不到头的图书。那时,她常常买上两包"八号花生米",在图书馆泡上一整天。

她一直牢记着南丁格尔在《护理札记》中所说的肉体对精神的影响:"精神是怎样影响肉体的……我想花一点时间来考虑一下肉体又是如何影响精神的。如果说你确信自己非常焦虑,但是你却仍然能够坚持每天都到里根路上去散步,或者是到乡间去度假……如果人们不用'变化'来帮助自己的话,是很难从一种想法中脱身出来的。"

说得多好啊,黎秀芳也将打扫街道当成是一种散步,她甚至一丝不苟地擦亮厕所里的每块瓷砖。她告诫自己,要振作起来!

晚上继续背书,背书让她快乐,让她坚强。

粉碎"四人帮"后,知识分子迎来了新时代的春天。

1977年底,她背着"执行刘少奇修正主义教育路线"的罪名出了牛棚,降级使用,被调到兰州的另一所部队医院——陆军第一医院任助理员。尽管如此,她还是为回到了医院而高兴。上班刚三天,医院通知她随医院宣传队到定西、会宁县农村参加巡回医疗。

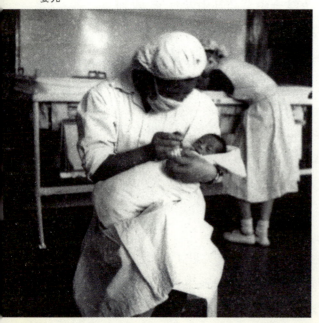
黎秀芳在救治婴儿

医疗队刚进村,就有人跑来,说一个出生十八天的婴儿病危,请解放军快去看看。黎秀芳被派去了。

一进那家门,黎秀芳就看到地上草堆里有一个婴儿,口唇青紫,小肚子一鼓一鼓地喘着气,已经不会哭了。因为当地的老百姓认为婴儿不能死在炕上,所以婴儿的父母已经将他放在草堆里等死了。

经诊断,初步判断孩子是患了急性肺炎。黎秀芳请孩子的父母将孩子包好,然后注射抗菌素,接着打来温水,一遍一遍给婴儿擦拭四肢以求物理降温。到了晚上,孩子的体温降了下来,呼吸也渐渐平稳。守到清晨,婴儿哭起来。孩子的父母非常感激,使劲给她口袋里塞鸡蛋,她只好背起医疗包就跑,她心里觉得十分欣慰,因为自己又有用了。

　　"文革"结束后,有关领导来看她,说:"这些年你受委屈了,我代表组织上向你道歉,你有什么要求可以提出来。"

　　黎秀芳一听这话,眼泪止不住地流了下来。她说:"我有两个要求请组织考虑:一是希望入党,二是希望给我更多的工作。"

第十一章 人生的第二个春天

重返护校

　　回顾一下兰州军医学校的历史。最早它是国民党兰州中央医院高级护士学校，黎秀芳是第四任校长。1949年兰州解放后，由中国人民解放军接管，改为西北军区第一陆军医院（后改为兰州军区总医院）高级护士学校，黎秀芳当时继续担任该校校长一职。1961年，学校扩大规模改为兰州军区学校，由于黎秀芳不是党员，由校长改为分管教学业务的副校长。"文化大革命"

1978年，黎秀芳得到平反和恢复名誉，重返工作岗位，被任命为兰州军区军医学校副校长。

后，兰州军区卫生学校在原有基础上组织改建为军区军医学校，当时学校已设有大专班和军医进修班。

重返护校的黎秀芳，一开始仅仅被任命为训练部副部长。

黎秀芳以她认真严谨的治学态度，要为自己讨一个说法。是错误就要弄清楚，就要改正，这才是她心目中的党。黎秀芳给组织写材料：

重返护校的黎秀芳，一开始被任命为训练部副部长。

> 我的年龄现在已不适于再当领导，我也不要求组织给我重新任职，只是要求恢复我作为校长的名誉……我强烈要求组织能在有一定群众的场合给我在政治上彻底地平反，并恢复我的名誉。

一些人怂恿黎秀芳指证"文革"中殴打并摧残过她的人。出于安定团结的目的，黎秀芳大度地说："都是过去的事情了。许多人都是身不由己的，所干的事情并非出于本意，我指证他们干什么呢？谁敢说自己年轻的时候没冲动过没犯过错误？要给人家一个改错的机会，不能对什么人都一棍子打死，那样不仗义也不人道。"

黎秀芳就是这样以德报怨，以她的大度和宽阔的胸怀，赢得了人们对她进一步的认识和尊重。

平反和恢复名誉的一天终于来到了，虽然，这一天等得久了些，黎秀芳还是惊喜交加。她被重新任命为护校的副校长，负责教学工作。

黎秀芳像过去一样，兢兢业业，一心扑在工作上。这一切，对于鬓角已有些花白的黎秀芳来说，是件多么幸福的事啊。

重新投入工作的黎秀芳很快就发现，正常的秩序失去了，常规的制度没人执行，护理质量下降到难以置信的程度，更不要说"三查七对"了。护士的责任心变差了，医院变得乱哄哄的，像个自由市场。护士大声呵斥病人的事情时有发生。

有一位病人发现，护士将别的病人的药发给了她，幸亏她提醒护士药跟前几天的不一样，这才发现错了。可是护士不但拒绝道歉，还轻描淡写地说，这有什么，不吃不就行了。

因为多年停课等原因，护士的培训严重不足。军医学校安排了一些领导干部的子女当护士，对于她们，这只是一种过渡手段，许多人很快就会调走或转行，但对医护工作造成了恶劣的影响。

已经没有多少人愿意守护黎秀芳曾经认为神圣的"领空"了。

黎秀芳病倒了，住进了医院。每条皱纹和花白的头发，都印证着这位花甲老人情感上的痛楚。

她的病房门被推开，走进来一位实习护士为她整理床铺。几乎是出于职业习惯，她一眼就看出小护士未按正规铺床规范操作。

黎秀芳不顾发着高烧的身体，一骨碌从床上爬了起来，对小护士说道："你站在一边，看我做。"

她走到床前，亲自打开床单、被套，迅速正规地做了示范动作。

"请你重新操作一遍。"她对实习护士说。

小姑娘一边铺床，一边流露出满脸的不高兴，但还是按照正规操作要求完成了。

等那位实习护士下班后，黎秀芳把她叫到床边，语重心长地说："正规铺床并不是讲形式，它表达了护士对病人的尊重，反映了护士的素质，对于保证护理质量、提高护理工作效率大有益处。你想想，把床单铺得皱皱巴巴，危重病人躺上去能舒服吗？那会给病人带来痛苦的。"

黎秀芳给她讲了她自己在协和学习时，一次考试，因铺床多走了半步而受到老师严厉批评的事情。她的现身说法，让那位实习护士惭愧得落下眼泪。

"这就对了。"黎秀芳怜爱地看着她，笑了。

黎秀芳一直牢牢地记着南丁格尔说过的一句话："护士工作的对象，不是冷冷冰冰的石头、木头和纸片，而是有热血和生命的人类。护士工作是精细艺术品中最精细者，护士必须具有一颗同情心和一双愿意工作的手。"

而此时，黎秀芳那双"愿意工作的手"上，已经布满了皱纹。

上书军委谈发展

　　六十三岁时，黎秀芳出任全军护理专业组组长。一上任，她首先立即恢复了各级护理专业组织，健全以全军护理专业组为中心的学术活动网络，开展学术交流活动，对全军护理人员的数量、质量情况进行全面调查。结果让她惊讶不已：未经护校系统学习的护士竟高达 68% 左右，中专毕业的护士仅占 32% 左右，大专毕业的护士更是寥寥无几。这怎么能适应部队现代化建设的需要呢？

　　黎秀芳很快将这一调查结果上书总后勤部及中央军委。

　　她常说："一个人爱党、爱国，不是一句空话，只有把这种热情和爱心在思想和行动上表现出来，为国家、为集体、为人民服务，随时随地做好本职工作，才有真正的意义，才能实现自身价值。"她是这样说的，也是这样做的，她也由此实现着自身的价值。

　　她的调查报告很快就引起了军委高层领导的重视。

　　在军委副主席洪学智的办公室里，这位将军看着眼前的材料拍着桌子说："一定要按照这份材料上的建议去办。"

黎秀芳经常给同学们讲南丁格尔的故事

　　很快，鬓发斑白的黎秀芳走进了中央军委三总部领导的办公室。

　　黎秀芳有点兴奋也有点激动，因为这是她劫后余生，是她生命中的第二个春天，"无须扬鞭自奋蹄"。

　　"您知道，我们国家目前护士与人口比例数字吗？"她说，"目前，美国拥有可承担医疗护理工作的注册护士 170 万，与人口比值为 1:136，而我国比值为 1:2200，我国护士绝大多数是中专生，有些还未受过专业训练……"

　　黎秀芳一口气说了三四个小时。

　　后勤部长会议一直开到了凌晨 3 点，制定并下发了一个红头文件，这是专为护理事业下发的权威文件。各军区医院开始对未经训练或训练不满两

年的护士进行"分批分期脱产培训",五年内全部培训完成。同时,全军在第二军医大学等六所医学院校和医院,设立了护士系或护理大专班。由总后下拨1500万元专款,更换全军医院陈旧的护理设备,健全护理指挥系统,改善护理人员待遇,为护理人员评定技术职称……

黎秀芳带领全军护理专业组的同志,先后组织召开了病房科学管理、临床基础护理、专科护理、责任制护理、医德教育等学术经验交流会。全军还召开了两次大型的综合性学术会议和内科、外科护理经验交流会,共收到2326篇学术论文,其中在会上交流的有330多篇。全军护理专业组的同志还深入基层,帮助一些论文的撰写者,挖掘题材,修改稿件。1981年至1985年,仅《中华护理杂志》就刊登部队文章147篇;《人民军医》杂志还出了三期护

国防部长洪学智将军接见黎秀芳

理增刊专辑,发表文章131篇。护理工作的学术氛围变得浓厚起来,这在部队历史上是从未有过的。

鉴于军区原本准备撤掉军医学校的问题,黎秀芳提出了一定要保留军医学校的个人意见。她在材料中这样写道:

保留兰州军区军医学校的意见

一、从全军来看,医务院校数量并不多

1. 全军整编后,编制干部六十万,其中卫生干部十二万多,占1/5;全军有医务院校十六所,占全军院校总数的17%;

2. 全军科技干部总数量二十万左右,卫生部占一半以上,而医务院校总数不到全军技术院校的一半。

二、我区需要有一所医务院校

1. 我区医务干部需要量大。其理由:①地处大西北,是全国面积的三分之一;②部队设防五省区,驻地偏僻分散,点多线长,条件

144

十分艰苦,人员在住率低;③流动量大,自然减员率高。军务部调查,87个边防连,军医在住率仅20%;据抽样调查,师以下部队军医减员率高达12%。

2. 整编后,全区卫生干部编制11343名,按平均减员率9%算,每年需要补充各类医务干部近千名,没有一所常规的训练基地是不行的。

3. 西北院校少,教育事业不发达,人才来源少。①全国现有高等医学院校一百二十所,西北仅九所;全国现有中等医学院校五百多所,西北仅有五十所。②如果仅靠内地院校给西北输送学生,很难保证基层单位医务人员来源,必然造成只有编制而无人才的局面。

4. 我区是一个多民族的聚居区,又有较长的边防线,从战区卫勤保障的需要出发,应该保留一所医务院校。

5. 随着科技飞速发展,医学知识更新加快,学位后的教育必须重视,每个军区应有一所医务干部更新知识、提高专业水平的训练、进修、再学习基地。

护士长许硕葵,是"文革"结束后军医学校的第一批护理专业的学员,谈起黎校长当年给她们上的第一节课,至今还记忆犹新。

"亲爱的同学们,我们既然选择这个职业,就一定要有一颗爱心。"这是黎校长在上基础护理课的第一句话。黎校长向大家讲授基础护理需要注意的几个步骤、护理过程需要注意的几个方面等等,还把自己处理危重病人时总结出的一些经验告诉同学们。

在全军科学大会上,黎秀芳讲到了护士的待遇问题,以及如何提高护理质量问题。因为每个人讲话的时间都是有规定的,她问张爱萍部长:"首长,我还能多讲吗?"

"讲吧,你讲得很好!"

她又一口气讲了半个多小时,说要提高护士在社会上的地位,要提高她们的待遇,甚至直截了当地说希望首长把子女放到医护队来不要当跳板,干不了几天就调走、转干或送到医科大学去进修,应该注重不要浪费资源。黎秀芳的发言引来了全场的掌声。

很快,总部下拨的 1500 万元专款到位了,护士的待遇、医院的条件都相应得到了改善,在职护士必须接受两年的专业培训,然后发合格证上岗。

黎秀芳和张开秀合作写过一篇论文,论文的题目叫《护理工作下贱吗？》。

护理工作下贱吗？

护理学是临床医学与预防医学的重要组成部分，它的服务对象是人,任务是满足人类生命全过程生、健、病、老、死的护理需要。护理工作自十九世纪中叶弗·南丁格尔创建一所正式护士学校以来，逐渐发展成为一门独立的现代科学。护理学随着医学事业发展,许多国家对护理人才的培养,越来越认识到它的需要性和迫切性,据世界卫生组织 1976 年统计,加拿大护士与人口的比例是 1:140,美国是 1:160,日本是 1:330。1981 年我去美国参观时,有位护理领导人介绍说:全国有注册护士约 170 万人,均有大专以上水平,护士与人口比例是 1:120,并说还缺 10 万护士。我国现有护士 56 万左右,按十亿人口计算,护士与人口比例是 1:1768,其中还有部分护士是没有经过护校正规训练的,不仅数量少,水平也较差。

祖国医学在疾病的防治中曾指出"三分治、七分养",这是历史实践的总结,也是对护理工作重要性的高度概括。从现代医学看,病人进住医院,首先接待的人是护理人员,因为她是病房主人,护士长是病房管理的主要负责人,病人衣食住行的生活需要,吃喝拉撒的生理需要,都需要护士精心安排和照料。疾病的检查诊断也需要护士的观察和配合,各种药物及注射治疗的技术操作,仍需要护士按时、准确地执行,手术患者,要做好术前一切准备、术中的配合、术后的护理等等。总之,病人自入院至出院,每一个细节护士都要承担着大量复杂、细致、琐碎的工作。每个班次,每个病人,每项工作,如稍有疏忽,轻者影响疗效,延长住院日,增加病人痛苦;重者,造成伤残或危及生命。因此,护理工作的重要性,越来越被人们重视起来了。例如,有位教授说:"没有一位能干的护理主任和几位好护士长,我不敢去接任院长职务,因为护理工作面广、范围大、人员多,是医院管理的重要组成部分。我是一个医生,处理医疗问题,还有办法,护理工作我不内行,要依靠护理主任和护士长,否则医院很难管理好。"这是他向领导的一段谈话。又如,一个病人的来信写道:"我住院半年多,特别在病重阶段,使我感觉到护理工作是一种母性工作,她们为了病人,不分白天黑夜,打针送药,喂水喂饭,端屎倒尿,擦澡换床,问寒问暖,鼓励抚慰,尤其令人感动的是,当我大便干结时,怕我用力对心脏不利,她们用手指一点一点往外掏,每次小便都要用量杯测量,出院时还不厌其烦地逐项叮嘱保养方法。这种认真负责的科学态度和母爱心肠,在日常工作中显示了高尚,在平凡操作中体现了伟大,确实令人尊重和爱戴!"

党中央对护理工作一贯非常重视,不论是战争年代与和平时期,都关怀着护士的成长,并号召大家要"尊重护士,爱护护士"。党的十一届三中全会后,曾几次下发关于加强护理工作管理和重视护理教育的通知,并召开了各级护理人员座谈会,征求意见,改进领导工作。可是,目前社会上仍有不少人轻视、歧视护理工作,认为护理工作是"伺候人"的工作,是"下贱"的工作,也有些领导干部认为"护理工作没有多少学问",高等护理教育不必要,以致护理事业长期保留在中等水平,护士深造和晋升问题得不到解决,于是千方百计改行,当医生、做技术员或其他行政、政治工作等。因护理事业发展方向不明确,中学生不愿报考护校,服从组织分配来的学员,入学后专业思想教育工作很薄弱,且难巩固,因此,不仅护理工作受到很大损失,对医疗质量的提高也有很大影响。

据卫生部统计,我国护理人员奇缺,目前缺员30多万,如按每年增加6万张病床计,到2000年最少还要增加80多万名。据了解,天津、沈阳、上海、南京、山东、广州等地已开办了护理系、夜大护士进修大专班等,但招生名额有限,希望其他省市也能快马加鞭,创造条件,组织人力举办高等护理教育,加强中等护理教育,培养大批护理人才。护理工作看来平凡、简单,其实不然,没有掌握一定的自然科学和社会科学知识及医学、护理专业知识和技能的人,是做不好护理工作的。一定要充分认识到护理专业的科学性和独立性,希望各级组织、社会各界人士为了人民健康事业的需要,为了千万人的幸福生活,为了早日实现祖国四化建设和宏伟目标,大

家都来宣传、支持、关怀护理专业的成长吧!

冬日的一天,黎秀芳被通知前去兰州军区机关办公楼。

几名衣着整齐的军官在等着她。

"你有过什么发明吗?"

她稍加思索后回答:"没有。"

"那么你在工作中取得过什么成绩吗?"

"成绩?1946年发表过一篇《怎样普及营养学知识》的文章并获奖。"

"说一说解放以后你担任校长时,在教学与改革方面做过什么?"

"我认为就是试行科主任责任制、建立'三级护理'的操作规范……"

"就是至今被全国沿用的那个'三级护理制度'吗?"

"就是。"

"您是发明者?"

"那是集体的智慧,只不过是我和张开秀首先组织试行的。"

看到军官们脸上露出的微笑,黎秀芳疑惑地问:"你们找我是为了……"

"事情是这样的,我们是在为'全军第二届英模大会'摸底、选典型,你有可能会被选中,前往北京开会。"

这个消息对于黎秀芳来说,无疑是一个天大的喜讯。这是党对她的

参加全军英模大会(前排右三)

肯定。

1987年7月,黎秀芳到北京参加了"全军第二届英模大会"。

生　日

1977年5月12日,黎秀芳六十岁生日,她仿佛步入了生命的第二个春天,这个生日过得隆重、热烈。

清晨,她的学员们一个接一个陆陆续续来到黎秀芳不大的房间里,给尊敬的老校长祝寿。

从华盛顿、平壤、东京、吉隆坡、新德里等世界各地寄来的贺信摆满了书桌,由军医大学护理系主任、军医学校教研室主任,海、陆、空三军医院和地方医院的护理主任送来的鲜花,散发着诱人的芳香。

"黎老,祝您生日快乐!"

一声声的问候,一声声的祝福,让黎秀芳笑逐颜开。

七十岁生日时,黎秀芳的学生从四面八方赶来,相聚在黎老家里,为她祝寿。

作为一名多年从事护理教育事业的园丁,有什么比桃李满天下更值得骄傲和自豪的呢?又有什么日子能比受到学生的问候,更让人感到幸福和快乐的呢!

1987年5月12日,黎秀芳七十岁生日时,有几名学生为了表达感恩之情,买了特制的大蛋糕。大家想黎老一定会高兴的,没想到她生气地说:"你们这样铺张浪费……我更喜欢那种小铺子里做的寿桃馒头,又经济又实惠。"

1997年5月12日,黎秀芳八十岁生日时,学生们说什么也要为黎老私下里策划一回,四面八方的学生一共来了七十多人。

生日聚会上,黎老讲了一个多小时的话,内容几乎全是关于护理事业的。生日聚会成了学术交流会。

聚会总共花了一千多元,老太太"命令"不允许任何人付账,由她自己埋单。

餐桌上，人们常常会提到一个老海碗的故事。黎秀芳经常忙得顾不上吃饭，她的学生就主动为她从食堂打饭。有一次，她的学生周运玲到食堂吃饭，碰上一个同学拿着一个非常古老的瓷碗，感到非常奇怪，就开玩笑说："这是从哪个博物馆拿来的？"

"这是黎校长吃饭用的碗。"同学回答。

"用这样的碗，不是有损我们黎校长的形象吗？"

周运玲她们几个精心为黎秀芳选购了一套不锈钢餐具。

黎秀芳是先愣了愣，然后问："是不是不小心把瓷碗给摔了？那也用不着这么好的餐具啊。"

"校长，那个老粗碗太土了。"

"那瓷碗好好的，干吗要换掉？"黎秀芳语气加重，"赶快把我的老瓷碗拿回来，那个我用起来习惯。去把这套餐具退掉，以后不许乱花钱。"

"校长，买一套餐具也不是什么大事，还是您留着用吧？"学生心里想，餐具怎么能退？

"如果不把这餐具退回去，你们买的饭我就不吃。"

学生们知道黎校长说一不二，只好把这套餐具留给自己用了。

这件事传开后，谁看到那个老粗碗，都不禁肃然起敬。

回头再说黎秀芳六十岁生日那年，生日过去不久，1978年7月1日，她光荣地加入了中国共产党。这是一件让黎秀芳感到万分幸福的大事。

黎秀芳曾在向党组织递交的第六份入党申请书上写道："生我是娘，教我是党，我已快六十周岁了，最大的愿望是在临死前能加入中国共产党。"

党支部大会讨论她入党时，黎秀芳心情既激动又忐忑。组织委员介绍了她的有关材料，表决通过时，党小组长竟然举起了双手，她解释说："我们处一位党员，因为突然发高烧不能到会，他委托我在会上举手代表他同意。"支部大会一致通过接收黎秀芳为中共预备党员。会后黎秀芳激动地说："我参加过军内外不少大小会议，从来还没像党支部

黎老八十寿辰，她的学生们都来给她祝寿。

大会这样使我又兴奋，又紧张呢！"

在鲜红的党旗下，黎秀芳缓缓地举起了右手，她热泪盈眶。回想起交第一份入党申请书时，才三十五岁，风华正茂，如今，已年过花甲。为了这一

在病房里度过九十岁生日

天，她苦苦追求了二十五年。但她自豪的是在最困难的情况下，没有动摇过对党的信念，在痛苦曲折的磨炼中，更加深刻地认识了伟大的党。

黎秀芳认真地说："我记得马克思曾经写过这样一句话，我们应该遵循的主要指针是人类的幸福和我们自身的完美，人们只有为同时代人的完美，为他们的幸福而工作，才能使自己也达到完美。我虽然在组织上入了党，但并不意味着我已经达到自身的完美，这只能是我生活道路上的一个新的起点。我生命的春天，是自六十岁的这一年才开始的。"

黎秀芳继续投入而忘我地工作着。

她晚年住院时，每次总要给科室挑几个问题。时间长了，大家便管她叫"爱挑刺的黎奶奶"。有一年，黎秀芳到干三科住院。晚上她刚睡着，突然被一阵脚步

黎秀芳入党前，经常主动向党组织汇报思想，听取党员和群众的意见，表达自己迫切要求加入中国共产党的心情。

声吵醒了。经过了解，原来是夜班护士穿的皮鞋发出的声音。

护士值班怎么能穿皮鞋呢？这样来回走动，会影响伤病员休息。她立即找来护士长樊春玲说："护士夜间值班明确规定必须穿软底鞋，怎么能穿着皮鞋来回走动呢？"她让人从外面买回来二十多双软底布鞋，给每名护士发了一双。

有一天，一名护士推着输液车从她身边经过，她叫住这名护士："小同志，你的车子需要涂油了，这样咯吱咯吱地推着车子在楼道里走来走去，既影响患者休息，还容易磨损车子。"

黎秀芳发现清洁员用一条抹布同时擦楼道又擦病房，就立即指出："你们怎么能用一条抹布擦病房和楼道呢？这很容易将楼道的病菌带入病房。"她随即找到负责清洁工作的领导，要求将楼道抹布与病房抹布分开，不准混用。

黎秀芳永远保持着一颗年轻的心灵，无论六十岁、七十岁，还是八十岁。

为黎奶奶鼓掌

1979年，对越自卫反击战爆发。

在战场上，疾病的传染要比敌人更可怕，更难以对付，这是有过战争经验的人都知道的。

黎秀芳从一些资料上看到，八月的南方气候闷热潮湿，战士们大量出汗后，衣服会贴在身上，透不过气。特别是猫耳洞的潮湿封闭，加之进入雷雨季节后，更容易出现一些特殊疾患。

由于恶劣的环境，战士的裆部长期被汗水侵蚀，加之污垢与盐分的积累，红色癣菌、白色球菌等细菌得到繁殖，很容易出现烂裆。这种病最严重的时会发展到腋下及双脚都出现溃烂。

为了掌握第一手资料，黎秀芳组织了前线护理人员开展热带战区救护工作的研究。

前线的情况比她想象的还要复杂。医疗设备、医护人员严重不足，造成兵员死亡比例过高。

除了一些传染病以外，还由于运送和护理上的一些原因，增加了非伤亡死亡或残废伤病员人数。当时运送伤病员的工具，有火车、船、飞机、汽车、担架等五种，护理方法也不一样，各有区别，最常见的非伤亡

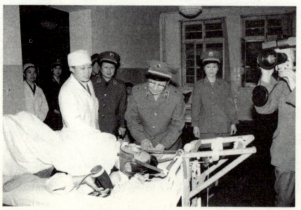
黎秀芳组织护理人员开展热带战区救护工作研究

死亡大多是由于气胸与脓胸等疾患造成的。

面对前线反映的情况,黎秀芳在详细地调查与了解后,首先从最基础的担架入手,进行改革。她将原先的担架减轻了重量,之后,她又设法解决了在火车上如何给伤病员吊瓶子输液的问题。同时她对什么样的病人该往后方送,什么样的病人应该就地诊治开刀,都作了详细的研究与探讨。

她总结出了抢救、搬运、包扎、止血等一整套的护理经验,并结合胸部受伤的患者如何引流,防止气胸、脓胸、褥疮的发生等,写了《对越自卫反击战护理经验总结》的论文,对提高战时救护水平起到了重要的促进作用,降低了伤患人员的死亡率和残废率。

黎秀芳在医院调研的时候,还亲自参加对伤员的护理,这位白发斑斑的老人,得到了伤病员一致的尊敬和爱戴,大家都亲切地叫她黎奶奶。

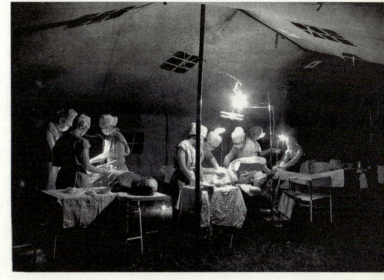

野战医院医护人员正在为伤病员做手术

有一次,她问一个伤员:"我的工作就是为你们服务,你觉得满意吗?"

"满意,满意,您就像我的亲奶奶一样。黎奶奶,您这么大年纪了,还亲自来护理我们,太让我们感动了。"

"不,应该是你们英勇杀敌的精神更感动我。你们上前线打仗,我来护理你们,都是出于同一个目的,都是为了保卫我们的祖国,保卫和平。你说是不是?"

"黎奶奶说得真好!"

黎秀芳的一番话引来了一片雷鸣般的掌声。黎秀芳注意到有一个双手受伤的战士,握着拳头拼命鼓掌,足足有几分钟。

黎秀芳噙着泪说:"孩子,小心伤口,你不能这样用力,会撕裂伤口的。"

"为黎奶奶鼓掌,我只是想表达一下自己的心意!"

第十二章 大 爱

"双秀基金"

1987 年 1 月,张开秀因病逝世。早在一年前,黎秀芳和张开秀就共同起草了《张开秀·黎秀芳联合志言书》,将她俩共同拥有的银行存款和国库券四万元,全部捐赠作为学校护士班优秀毕业生和医院优秀护士奖励基金,并承诺死后将遗体捐献,作病理解剖医学研究用。

张开秀去世的当天,黎秀芳就把《张开秀·黎秀芳联合志言书》交给了组织。

"这笔钱交给组织,一是实现开秀同志的遗愿,二是想设立一个基金。"

"给基金起个什么名字呢?"

"我暂时还没想好。"

"双秀奖"奖章

有人说:"既然奖励的是优秀毕业生、优秀护士,就叫'双秀奖'吧。"

还有人说:"两位捐款人名字中都有'秀'字,我看叫'双秀基金'再合适不过了。"

黎秀芳说:"有道理,就叫'双秀基金'吧。"

回到家里,黎秀芳写了一首《哭开秀》的悼词,告慰张开秀的亡灵:

> 开秀沉疴吾相陪,病情危笃心已碎。
>
> 暝目长逝不敢信,信时难言今日悲。
>
> 思念情深肝肠断,欲言无语泪纷飞。
>
> 相依为命五十载,春春岁岁映心辉。
>
> 品德如雪心如丹,磊落光明照人间。
>
> 谦恭博得群众爱,哀声动地心相连。
>
> 碧血丹心抒壮志,奉献遗体为科研。
>
> 终生造福于他人,仰天含笑在九泉。
>
> 抬头凝望姊容颜,培育桃李春满园。
>
> 不愧黄牛标准钟,优秀党员美名传。
>
> 古稀以您为榜样,洒尽热血谱新篇。

她们共同走过了五十年的人生历程,可以说是情也深、意也重。1936 年,她们一块进入当时的南京国立中央高级护士学校,那时,她们是一对亲密姐妹,在学校一起学习,一起排演话剧《南丁格尔》,一起建立了最初的人生目标,也就是立志做一名南丁格尔那样的好护士。

抗日战争全面爆发,她们一起随护校迁移离开南京,由武汉到长沙,一路上历经千难万险,成了情同手足的姐妹。

1941 年,她们又一起瞒着学校和家人,偷偷钻进一辆运送伤兵的卡车,奔赴抗日后方的大西北。

一路上的生死考验,以及滞留重庆时的那一段历程,终生难忘。

到兰州后,她们一起创建护校,一起迎来了兰州的解放,并同时成为共和国的军人,那也是她们最为骄傲的年代。之后,她们又共同开创了"三级护理"制度,为全军乃至全国的医护事业作出了巨大的贡献。

所有的这一切,都和张开秀密不可分。

张开秀是中华护理学会理事、全军护理专业组成员、兰州军区科学技术委员会委员、甘肃省护理学会副理事长。兰州解放后,张开秀在担任西北军区第一陆军医院护理部主任、兰州军区总医院医务部副主任期间,充分发挥聪明才智和创造精神,与黎秀芳一起提出"三级护理"制度,并发表了

学术论文。以她为主总结的无菌消毒方法、护理技术操作常规、病房管理、专科护理工作评分定量检查等四十二种制度和方法,有力地促进了护理专业技术的发展。

黎秀芳一直把张开秀视为良师益友。她常说:"共同的事业把我俩紧紧地连在一起,甘苦与共,患难相扶。今天,党给了我这么高的荣誉,我觉得很惭愧。如果说我有一点贡献的话,就像《十五的月亮》歌词一样,这功劳有我的一半,也有张开秀的一半啊!"

在护理、临床实践中,她们一起观察、探索技术操作的规律;在教学中,她们密切配合。作为护理部主任,张开秀亲自安排学员在医院的实习,按照学校规定的内容要求,督促检查使学生圆满完成实习计划。

黎秀芳和张开秀
亲如姐妹

她们两人常常一起讨论怎样进一步开展工作,共同探讨找出解决护理工作问题的科学办法。黎秀芳在参加编写《医院护理技术管理》、《医院医疗护理技术操作常规》等书时,张开秀均提供了大量资料。"护理事业是一代接一代的事业,我们该给青年人留下一些什么呢?"这是她们经常提起的话题。

她们生活俭朴,常常是一碟咸菜,两三个小菜便是一餐;她们的衣着极其朴素,袜子破了,自己动手缝上;就连卫生纸都要裁成整整齐齐的小长条,从不浪费。她们彼此信任超过相信自己。张开秀善于管财理物,且很细心,黎秀芳每月领了工资都交给张开秀统一保管使用。1986年12月,张开秀病情加重,一天,她取出了一个小本子交给黎秀芳。黎秀芳一看,原来上面记录着什么时间什么地方,交来多少钱,有过什么开支……一笔一笔清清楚楚。黎秀芳望着这位可爱的好姐姐,眼睛模糊了。

《张开秀·黎秀芳联合志言书》中写道:

我俩献身于护理事业五十余年,朝夕相处,共同生活,情同手

足,现均已年逾古稀。生壮老死,系自然规律,人之常情,愿趁我俩健在人世、神志清晰,将后事书面于下:我俩现有银行存款及国库券四万元,下世后共同捐赠给兰州军区以作护士班优秀毕业生和医院优秀护士奖金之用,个人不作私产保留;遗体如有医学研究的需要,可献作解剖……

没有多少发聋振聩的警句,也没有什么华丽的辞藻,但却使人们清楚地看到了两位老战士、高级知识分子热爱党、热爱祖国、热爱护理事业的赤诚的心。不少人看了她们的联合言志书,都被这两位共产党员为发展祖国医学护理事业鞠躬尽瘁、无私奉献的高尚品德感动得流出了热泪。

1987年1月7日,张开秀逝世。兰州军区总医院举行了庄严隆重的遗体告别仪式。有关单位从北京、上海等地发来唁电哀悼,她的学生乘飞机、火车从全国各

黎秀芳与张开秀两位老战友、老同窗几十年如一日,相濡以沫,互帮互学,患难与共,结下了手足般的情谊。

157

地赶来参加追悼会,敬献的花圈、挽联成百上千。军内外不少已经离休的老首长、老战友,忍不住失声痛哭。

可以告慰的是,"双秀基金"的设立,就是对张开秀的最好悼念。

张开秀逝世后,黎秀芳的住所虽然几经搬迁,但她仍为昔日的老同学、老战友、老大姐留着一间卧室,张开秀生前用过的那张床永远铺设得整整齐齐,桌椅擦得干干净净,一尘不染。墙上,还挂着张开秀的遗像,宁静、慈爱而安详。这一切,让黎秀芳感觉到,张开秀大姐并没有离开,仿佛永远陪伴着她。

不是亲情胜似亲情

黎秀芳一生未婚,许多人不理解。谈到这件事,黎秀芳说,独身并不奇怪,这只是一个观念问题,像我心中的偶像南丁格尔,我的老师林巧稚、王秀瑛、聂毓婵等,她们不都是终生未婚嘛。

黎秀芳的朋友很多,从领导到平民百姓都有。她生活中的几任保姆,和她相处得全都像是一家人一样。

黎秀芳家第一个保姆是邢嫂,邢嫂的丈夫是兰州第一毛纺厂的工人,家里非常困难,黎秀芳常常接济邢嫂家一些米面粮油之类的东西。后来邢嫂的丈夫工作调动,邢嫂哭着不愿离开黎秀芳。

黎秀芳(左一)、张开秀与小保姆合影

黎秀芳说,"文革"期间,幸得邢嫂夫妇的关照,要不然家里的东西都被造反派抄走了。为了防止造反派抄家,每次揪斗黎秀芳和张开秀的时候,邢嫂和她的丈夫都将她俩的床被、衣物、书籍等,用架子车装起来,批斗会开到哪里,邢嫂夫妇就拉着架子车跟到哪里,寸步不离左右。那份真情,黎秀芳一直到晚年还念念不忘。

邢嫂走后，总院的政委刘允中把自己家的保姆介绍给黎秀芳，这就是后来和黎秀芳一起生活了二十七年、情同姐妹的第二位保姆莫如惠。在莫如惠晚年的时候，黎秀芳曾想把她养起来，可莫如惠有洁癖，总是看不惯新来的保姆，无奈之下，黎秀芳只好把她送回南京老家养老。大到生活用具小到被褥碗筷，一应置办齐全，另外还给了四千元的安家费，东西装了满满一卡车，一直从兰州送到了南京。不仅如此，她还负担了莫如惠日后的全部生活费用。随着自己工资的提高，她也将莫如惠的生活费提高，从当初的几十元一直到每月给一千五百元。莫如惠的邻居都说，一个保姆享受的是退休干部的待遇。黎秀芳还在南京给莫如惠办理了户口，莫如惠因此分到了一套公房。后来，黎秀芳每年都去南京小住几天，莫如惠爱打麻将，她就陪着一块玩。黎秀芳尤其难忘的是"文化大革命"时，因为莫如惠护着自己，结果就把莫如惠也拉去陪着批斗。

莫如惠告老还乡之后，黎秀芳请来的保姆叫田凤琴。

田凤琴是1982年到黎秀芳家当保姆的，那一年她十五岁。

黎秀芳把田凤琴当自己的孙女儿一样看待，她们一起生活了十一年。田凤琴没有父亲，有一个哥哥、两个妹妹。她十五岁到黎秀芳家，黎秀芳手把手教她干家务。田凤琴成人后，黎秀芳给她介绍了一个对象，是个汽车司机。田凤琴结婚的时候，是从黎秀芳家出嫁的，所有娘家人都集中在黎秀芳的家里。田凤琴的陪嫁嫁妆也是黎秀芳置办的，送亲的车就有十多辆，全是黎秀芳出钱租的。结婚以后，小两口一吵架田凤琴就跑到黎秀芳那儿去哭诉，黎秀芳就去批评小田的丈夫，不能随便动手打人，要学会尊重女人。为了帮助处理好因田凤琴娘家贫困引起的一系列家庭问题，黎秀芳还给田凤琴的哥哥买了牲口，买了百合种子，扶持他发家致富。田凤琴的哥哥后来盖了五间房，娶了媳妇，生了一儿一女，还请黎秀芳做奶奶，逢年过节就给黎秀芳送去一些洋芋、苹果之类自家产的农产品，黎秀芳高兴得也常给孩子们送一些小礼物。

田凤琴来自农村，只有初中文化。除了做家务活外，黎秀芳还要求她学习文化知识。田凤琴看书不用心，受到黎秀芳的批评，一度甚至产生了离开黎秀芳的心思。黎秀芳就改变方式，为田凤琴订了《读者》等杂志，引导她循序渐进地学习文化。

每次，黎秀芳出差回来，田凤琴都要去接，就像迎接自己久未见面的奶

奶一样高兴。黎秀芳也是见面就开玩笑："小家伙也不知道拥抱我一下，没感情！"

有一次，田凤琴帮黎秀芳整理讲稿资料，分门别类有条有理，黎秀芳当即夸她："小家伙，不错嘛！"

1998年10月的一天，离开黎秀芳已有五年之久的田凤琴，在兰州市东方红广场东口碰见黎秀芳。黎秀芳高兴地握着她的手，上下端详着，嘴里不停地说："我们家的小田现在越长越漂亮了。"田凤琴感到此时站在她面前的就是自己的奶奶，她的泪水顺着脸庞流了下来。

"好好的哭什么鼻子？走，今天我请你到外面去吃饭，咱俩好好唠唠嗑。"

田凤琴在黎秀芳家十一年，从来没见过她下一次饭店。

"奶奶，还是不去了，我们回家吃吧？"田凤琴说。

黎秀芳笑着说："今天就到外面吃吧，好久没见你了，好几次梦里还梦见你呢！"

吃完饭，田凤琴要送黎秀芳回家，黎秀芳对她说："我坐公交车回去就行了。"这一年，黎秀芳八十一岁，已经是一位将军了。

保姆小蔺，她父亲因为超生被单位开除了，家中三个女儿，经济上很困难。黎秀芳资助小蔺的父亲开了个磨房，还鼓励他到乡村小学当代课教师。后来黎秀芳又借给她家四千元钱，修了几间房子，一家人才从窑洞中搬出来。再后来，黎秀芳把小蔺介绍给了一位首长的警卫员，也是黎秀芳送她上的婚车成的亲。

黎秀芳雇请的保姆有好几个都是穷困的农村女孩，这些女孩因为家里穷，有的连小学都没读完。她们具有天生的勤劳朴实，但也有很强的自卑感。黎秀芳从点点滴滴培养她们，既教她们提高做事的能力，也教她们注重礼节礼貌，让她们明白做人的道理。

"只有学习才能改变命运。"这是黎秀芳经常给她们说的一句话。除了给她们添置必要的学习用品，还资助她们参加计算机培训等。有两位先后离开黎秀芳的保姆，都被外面的公司聘为文秘。她们把黎秀芳当成了改变她们一生命运的恩人。黎秀芳对曾照顾过她生活的保姆们也念念不忘，弥留之际，还专门立下遗嘱，给两位家庭相对困难的保姆各送去一千元钱。

黎秀芳说人的一生要懂得舍与得，有舍才会有得，这是一种辩证关系。黎秀芳就是舍弃了普通人的正常生活，选择了为理想、为大爱而奉献的一生。

160

她把救助弱势群体当做了自己的职责

黎秀芳一生未婚,但却以母亲般博大的爱对待许许多多需要帮助的人。

2005年元旦前夕,黎秀芳病重住进了高干病房。每天,护士长樊春玲都给她念全国各地寄来的贺年卡,她面带微笑地听着,似乎病痛也在减轻。

等病情稍有好转,她就让樊春玲帮她买来一些贺卡,可是手颤抖得根本无法下笔。樊春玲就帮黎秀芳写贺卡,黎秀芳要求把名字和地址留给自己写。

在接下来的一周多时间里,黎秀芳都在颤巍巍地一个字一个字写着。她说,这也是尊重对方。

1991年,黎秀芳应邀前往香港参加一个国际学术会议,返回途中经过深圳时,她对同她一起来开会的护士长邹美芬说想在深圳买台微波炉。

邹美芬不解地问:"校长,兰州的商场不是有微波炉吗?"

"有是有,但我发现深圳的要比兰州的便宜很多。"

回到兰州后,托运微波炉的板箱她舍不得扔,叫人做成碗柜,就是这个碗柜,一直用到她去世。

2006年,黎秀芳因肺功能衰竭住进了医院。一天,她躺在病床上对护士说:"请把电视打开,我看看新闻。"兰州电视台正在播出一则新闻,说有一个叫菲菲的小孩,因患脆骨疾病被父母遗弃。电视台呼吁大家献爱心,救救这个可怜的孩子。

黎秀芳对护士说:"去打听一下这个孩子现在在什么地方?"

护士回来说:"菲菲在兰州市儿童福利院,情况非常不好。"

黎秀芳问:"她多大了?"

"只有四岁。"

"这做父母的也太狠心了,自己的亲骨肉怎么就会遗弃呢?现在的社会条件这么好,没办法可以找政府找组织提供援助嘛,怎么能这样呢,怎么能这样呢!"

护士看黎秀芳有些激动,就劝慰她说:"黎老,已经有人捐助提供帮助了。"

黎秀芳说:"那好,那好,我们也应该做些什么。"

稍微停顿了一会儿,她接着说:"通知我家保姆小马,让她从家里把我的

工资折子拿来。"

护士正准备出门，又被黎秀芳叫住。

"我想到福利院去了解一下情况。"

护士说："黎老，您这身体怕不行。"

"我都八九十岁的人了，活够本了。那么幼小的生命遭人遗弃，这是一件非常严重的事情，我得过去了解一下。"

从儿童福利院回来后，黎秀芳当即从自己的积蓄中拿出十万元，捐给了兰州市儿童福利院，用以帮助残病儿童。

黎秀芳不仅自己捐钱，还带动家人跟她一起这样做。2005 年 12 月，黎秀芳在兰州军区总医院干部病房住院，她二弟黎模斌第三次来大陆探望她。

干三科主任罗晓红来到病房为黎秀芳查病时，私下里与她商量说："黎校长，您弟弟从美国来回两三趟，都是自己拿的差旅费，真不容易……您看要不要给他们些钱？"

九十高龄的黎秀芳没有立即回答，想了想说："他们不缺钱！"

第二天，黎秀芳把罗晓红叫到病房，深情地说："昨夜，我再三考虑，还是给点吧！但钱必须由我自己出。"说罢，她递给罗主任一个存折让她帮忙取钱。

黎老晚年，在住院期间与照顾她的干部三科主任罗晓红、护士长樊春玲一起合影留念。

"那给他们多少？取上两万吧？"罗主任认为黎秀芳的月工资早已过万元，给两万根本不算多。

"给他们两千元就行了！"罗主任没想到黎秀芳只给这么一点钱，但她还是按老人的意思去办了。

两千元很快取回来了，黎模斌正好来到病房，但他怎么也不愿接受姐姐给的这两千元钱。

黎秀芳有些生气了，说："你是嫌我给得少吗？"

"怎么会呢？姐姐，我们自己有钱花呢。"黎模斌非常尊重姐姐，黎秀芳到美国探亲的那段时间，黎模斌每天早上起床的第一件事就是向姐姐鞠个躬。

"黎校长的许多钱都用在护理奖励基金和福利事业上了，兰州儿童福利院就有她捐的钱。"为了缓和气氛，罗晓红插了几句话。

黎模斌听说这事，就迫不及待地想到姐姐捐过款的福利院去看一下。当天下午,他来到兰州市儿童福利院,也捐了两万元钱。

后来,黎秀芳去世时,医院拿出五万元给黎模斌,想补偿来回的差旅费。可黎模斌一再推脱,说什么也不要。他说:"如果非要给我的话,就替我捐给社会最需要用钱的地方吧!"这样,这五万元钱黎模斌分文未收,全部捐献给了医院为兵服务事业。

黎秀芳一生帮助别人的事情真的是太多了。

镜头一:1949 年,刘佩英是西北军区第一陆军医院高级护士学校学员。当时报名参加护士学校的人很多,许多人无非就是想找份工作养家糊口。可刘佩英却是一位满怀抱负的有志女青年。由于她的勤奋好学,学习成绩一直名列前茅,颇得黎校长的喜欢。刘佩英的母亲和弟妹远在新疆没人照顾,她把家人接到了兰州,可她每月只有两元津贴,如何度过寒冷的冬天呢?黎秀芳知道情况后,自己出钱给刘佩英家拉了一吨煤。

这一吨煤也建立了刘佩英与黎秀芳除了师生之外的另一种情谊。

镜头二:郭维兰是黎秀芳在兰州高级护士学校当校长后培养的第一期学员。当时兰州刚刚解放,尽管一元钱能买百八十个鸡蛋,但郭维兰每月的津贴只有几分钱,所以,想吃个鸡蛋实在是件奢侈的事情。

一年冬天,郭维兰染上了肺结核,整天浑身无力,昏昏欲睡。那时,白天一边上课,一边护理伤病员,晚上有时还要上夜班,她的身体根本吃不消。

看到郭维兰病弱不堪的样子,黎秀芳特别心疼。她买来鸡蛋,每天煮两个让校工送给郭维兰,整整一个月,直到郭维兰的身体渐渐复原为止。后来,每当看见鸡蛋,郭维兰便想起黎校长对她的关心。

镜头三:1953 年 8 月 6 日这一天,对于心血管内科专家李作俊来说,终生难忘。

那时,李作俊在西北军区高级护士学校上学。有一天,他下课后,收发室送来一封电报,写着:"俊儿,你父昨日因病去世,请速回,母亲。"晚上,李作俊一个人偷偷躲在被窝里流泪。按照他们老家的习俗,老人去世后,儿子必须要为父亲置副棺材下葬。他知道,家里的所有积蓄都给父亲看了病,再也拿不出一分钱了。

第二天,李作俊父亲病故的事传到了黎秀芳的耳中。黎秀芳把李作俊叫到办公室说:"你父亲去世的事我知道了,这三十二元钱你拿着,赶快回去为你父亲办丧事。"

李作俊用黎秀芳给他的钱为父亲买了副棺材,办了一个简朴的丧事。

镜头四:2001年除夕,烧伤科护士长邹美芬值夜班。她查完房回到值班室,在这万家团圆的时刻,邹美芬的心怎么也静不下来。她想起了已去世多年的母亲,小时候虽然家中贫寒,可每到春节,全家都会吃上一顿热气腾腾的水饺。

走廊传来了轻轻的脚步声,邹美芬以为是哪个病人找她有事,连忙走出值班室。只见黎秀芳走了过来,搀扶她的保姆手上还端着一个大盘子。

"小邹,辛苦了!我亲手为你做了'平安饭',希望你能过一个温馨的除夕。"

邹美芬双手捧着"平安饭",真想喊一声:"妈妈!"

第十三章 一生的事业

旧金山来信

1981年的一天,正在认真撰写论文的黎秀芳忽然听到有人喊:"黎秀芳,信。"

黎秀芳接过信,只见信封上写着:"中国·兰州医院,傅太太转黎秀芳收。寄信人地址:美国旧金山。"黎秀芳用颤抖的手打开信,眼里涌出泪花,急急地读着。泪眼蒙眬中,她仿佛看到了父亲、继母和兄弟姐妹,她真的太想念他们了,整整三十四年的时间已经过去了。

三十四年来与亲人别离,黎秀芳只有在梦中才可以见到他们。

时时关心祖国大陆情况的黎秀芳的家人,从改革开放后发行到海外的《光明日报》上偶尔读到了报道黎秀芳事迹的文章,知道她还活着,并且成了中国共产党的优秀人物。家人当即按照报道中的大致地址寄出了一封寻找亲人的信件。

这封贵若千金的家书几经辗转,终于寄到了黎秀芳的手上。

捧着这封家书,黎秀芳读了一遍又一遍,她几乎都可以背下这封信了。她哭了,她的眼泪中有甜、有酸,还有苦涩,这是三十四年来第一次得到亲人的消息啊,黎秀芳有些放纵地哭了一次,哭过之后,她感觉轻松多了。

"黎秀芳找到失散多年的亲人了。"

"黎校长要去美国探亲了。"

消息不胫而走。

"黎秀芳这一去,肯定不会回来了。"

"人家全家都在海外,大陆上只有她孤零零一个人,还回来干啥?"

人们猜测着,有的甚至送来了分别留念的礼物。大家都说:"到美国常来信,可不要忘记了同甘共苦的战友啊!"

黎秀芳后来说:"有那么一些人,总认为外国的什么都好,好像只有出国才会有出路。我觉得,正是因为我们国家比较落后,所以才更需要广大的知识分子同全国人民一道,团结奋斗,尽快缩小与发达国家的差距。"

黎秀芳想的是,充分利用这次出国探亲的机会,多考察一些医院,多学习一些国外的先进经验和技术。

六月的一天,湛蓝的天空中,一架由北京飞往美国旧金山的波音747客机,乳白色的机身在明媚的阳光里,宛如一只张开翅膀的白色大鸟,在太平洋上空翩翩起舞。

舒卷的白云,连接成一望无垠的云海。黎秀芳的思绪也像那机翼边飘浮的云朵,翻腾着……

不知为什么,她忽然想起在会宁巡回医疗时,一只黑瘦的小手伸过来,装进她上衣口袋里的那把炒豆子,那是她这一生得到的最宝贵的礼物了。

脚下的城市随着飞机高度的降低变得越来越清晰。终于,飞机稳稳地停靠在宏伟壮观的旧金山航空港。

在接机的人群中,黎秀芳一眼认出了继母和几个弟妹,她跑上前去,和家人紧紧地拥抱在一起。

这个大家庭中的成员如今散居在中国台湾、中国香港和美国等处。父亲黎离尘,已长眠在台湾的一块土坡上,墓碑上刻着蒋介石亲笔所书的碑文"勤劳堪念"。

台湾阳明山,
黎离尘墓碑。

黎秀芳曾经很偶然地读到过台湾诗人余光中的《乡愁》,她情不自禁地喜欢上了这首诗。那弯浅浅的海峡在她心里显得格外的神秘,深幽的阿里山,美丽的日月潭,都成了她心中思念的地方。

为什么足足等了三十四年的时间呢?

旧金山,位于美国加利福尼亚州西北部美国西海岸中点,是太平洋沿岸仅次于洛杉矶的第二大港口城市,素有

"美国西海岸门户"之称，又名三藩市，取自该市英文名称 San Francisco 的音译，出生于广东的孙中山先生在著作与书信中提及该市时，就使用了"三藩"这个名字。

美国休斯敦太空中心

汽车一进入市区，"山城"的感觉油然而生，街道迂回曲折。黎秀芳不自觉地就想起了山城重庆，那座在日本飞机轰炸下的山城，还有那刚刚绽开花苞就夭折了的美丽的小姑娘，一江东去的悲伤的嘉陵江……

金红色的颇像童话故事中造型的叮当车，叮叮当当唤回了黎秀芳伤感的记忆。一架装饰漂亮、颇有中世纪遗风的马车，穿梭在旧金山市中心现代摩登的建筑物中，构成了一幅令人感觉时空倒转的有趣画面，然而又是那么自然、协调，一点儿都不显得突兀、造作。

街头造型艺人，有的把全身漆成五彩斑斓，有的将全身漆成金属状，扮成巫婆、小丑甚至黑色幽灵，活像一具具真实的街道雕塑。

头发红红绿绿，剪成鸟巢状鸡冠状的年轻人招摇过市。在这片土地上，任何标新立异都不会招来旁人的侧目或者议论。在这儿，每个人都可以按照自己的意思我行我素。

夜幕低垂的夏夜，黎家客厅的茶几上摆满了葡萄、梨、枣儿、橘子，还摆上了象征团圆美满的中国月饼。

这是一个无眠之夜，黎秀芳与母亲同床而卧，说了整整一夜。

"姐姐，你先在家休息几天，我陪你到联合广场、世界商业中心、艺术博物馆、金门桥、林肯公园、赌城去玩玩。然后再到旧金山、洛杉矶、休斯敦、纽约各地转转。我还没有通知五弟和四妹，他们要是知道你来了，说不定会有多高兴呢！"四弟模永说。

黎秀芳却想先去当地的医院看看。

"姐，你是来探亲还是来工作的？"

"玩是要玩的，但我还是想先看看医院。"

"大姐，你还真成了'布尔什维克'了。"

"是的。因为我的事业在中国。"

从儿童医院开始

"真漂亮!"黎秀芳一踏进的旧金山圣河西儿童医院,就不由自主地在心中赞叹起来。

这是一所适合于儿童治疗、康复的场所。新颖的建筑、合理的布局,每个病房都有独立的少儿餐室、游艺室、学习室、电视音乐室、家长探视室五个房间,与外面的走廊连成五角形,治疗用具按照患者的不同年龄配备型号。有着一百张床位的儿童医院,不仅治疗疾病,还负责训练儿童良好的生活习惯。

黎秀芳眼前又浮现出了甘肃会宁刘坪村那个往她口袋里放炒豆子的小手⋯⋯

隔了两日,黎秀芳参观了加利福尼亚的护士大学、斯坦福医学院等等。这些著名学府的校长、学者,听过对她的介绍,他们对这位来自中国这个世界上人口最多的国家从事护理事业的女性,表达了他们的尊重。

银发苍苍的斯坦福医学院护理部主任的敬业和献身精神,给黎秀芳留下了难以磨灭的印象。就是这位瘦小而结实的七旬老人,被斯坦福医学院的校长毫不吝惜地夸奖为"我的左右手"。

一位精明能干的护理博士——护理部副主任说,他很想自豪地向每位外国参观者宣布他的国家给予护理工作的地位。

"她(指护理部主任),是特殊待遇!所谓特殊待遇——就是比白宫工作人员还高的薪俸!"

在休斯敦,在得克萨斯,在爱荷华和圣地亚哥,黎秀芳出入于美国教会医院、专科医院、私人诊所病房、老人疗养院⋯⋯她还看望、拜访了旅居美国的早年护校的同学和包艾靖校长⋯⋯

回到家中,黎秀芳就开始着手整理白天参观考察的资料。

黎秀芳在
美国参观

她似乎不知道除了工作,究竟还有什么是属于她的。

旧金山堪称美食之都。在这里,除了美味新鲜富于创意的加州菜之外,还可以吃到全美最棒的法国大餐、意大利菜、日本料理和中国美食……几乎世界各国的美味佳肴应有尽有。在这里,还可以随意坐在码头栏杆边,面对美丽的海湾,闻着附近小店里的印度燃香的香味,耳边回响着唱片店里传出的披头士音乐,品尝着从大排档买来的油炸生猛海鲜、虾仁沙拉、挖成中空里面加上各种汤汁的面包,一边懒洋洋地观赏海上点点帆船、海面上自由翱翔的只只海鸟,一边用手中的面包屑喂着周围盘旋、落地的一只只白鸽。

黎家有一条不成文的规定,不和外国人通婚。现在黎家已有四代几十口人在国外,到目前为止没有一个外国媳妇和女婿。另外,全家大人小孩,在外面有讲任何语言的权利,但在家中必须讲中国话。黎母从来不吃西餐,或许,她这也是为了时时提醒自己是个中国人。

四个月的时间对黎秀芳来说转瞬即逝,但母亲已经习惯了这种母女朝夕相伴的生活。

黎秀芳考察了美国十一所护士学校和医院,汇总撰写了《美国医院管理和护士教育》论文,买了一大批医学书籍。然而,该如何面对母亲说出要走的话,这让她犯了难。

这天晚饭后,黎母当着全家人的面,取出了黎秀芳父亲的照片,流着眼泪哽咽着对黎秀芳说:"我今年八十多岁了,你也六十四岁了。你在大陆孤零零一个人,留下来吧,咱们相互有个照应。这也是你爸爸的意思。"

黎秀芳心里翻腾着,很长时间没有说话。母亲以为她对生活中的经济问题存有顾虑,说:"钱你不用发愁。你爸爸留下的遗产足够花了。"

"姐,你就留在美国吧。这儿可以为你提供世界上一流的教研条件,你就留下吧。"弟妹们劝说黎秀芳。

黎秀芳还是没有回答。

从黎秀芳来旧金山的第一天起,母女俩似乎一直有说不完的话。这一晚,母女俩辗转反侧,谁也不说话了。

黎秀芳在美国的同学、朋友和学生们得知她的归期将至,也都想劝说她留下来。

"留下来晚年可以生活得更好一些。"

"凭着您的才能,在美国找个事做没有问题,生活要比大陆舒服多了。"

169

"你们都不要劝我了,你们应该了解我啊。套用一句时髦的话,我的根在那里,我的学生在那里,我的事业在那里。说真的,这几个月没有听到黄河涛声,我连觉都睡不踏实……"

黄河水哗哗流淌的声音,已经成为她生命中不可分割的一部分了。

母亲老泪纵横地说:"等你老了,谁来照顾你啊?"

"妈妈,我在国内有组织上的关怀,同志们的照顾,您就放宽心吧。"

"组织?组织是谁?"妈妈多次听到黎秀芳讲到组织,或许,她还以为组织是一个人呢。

如何解释组织?黎秀芳似乎也说不清楚,她只能解释说,就是最亲近的人,有什么心里话都可以向组织说,有任何困难组织都会想办法帮助的。

1981 年 10 月 18 日,黎秀芳

黎秀芳用父亲留给她的美金买回的一大捆外文资料

登上了飞往中国的航班。美利坚的土地,在视线中慢慢缩小了、模糊了……

黎秀芳用父亲留给她的美金买了一大捆外文资料,回到了祖国,回到了魂牵梦绕的兰州。

退居二线

1983 年,黎秀芳退居二线,不再担任兰州军区军医学校副校长一职,改任兰州军区总医院专家组专家。

在别人眼里,黎秀芳这回终于可以颐养天年了,再没有什么顾虑了,完全可以到美国定居生活了。

黎秀芳念叨着郑板桥曾在墨竹图上题的一首诗:"新竹高于旧竹枝,全凭老竿为扶持。"减去了职务并不等于减去了责任,党的事业是要干一辈子的。

除了参加学校专家组的工作外,黎秀芳还担任着中华护理学会常务理事、甘肃分会理事长、甘肃省科协副主席等十余种社会职务,还应邀兼任了

《中华百科全书医学护理分册》、《中华护理杂志》、《人民军医》等五种刊物的编委或副主编,每年编审来稿约一百余篇。她还参加编写了总后卫生部组织撰写的《军队护理发展简史》一书,审阅修改了广州军区医学高等专科学校编写的《护士素质修养学》一书,审阅翻译了美国出版的《水和电解质的临床应用》一书。

黎秀芳博览国内外医疗护理有关资料,熟悉医疗学技术的发展动态,为编辑、论述、审改各类杂志送来的文章创造了有利条件。

黎秀芳除自己撰写十余篇论文外,又参与了总后卫生部组织编写的《军队医院管理》、《医院护理技术管理》、《医院医疗护理技术操作常规》等几部重要书籍有关护理部分的撰写、编审、修改工作。这些著作对军队医院管理、护理技术管理,指导各类医务人员的正规技术操作,发挥了重要作用。

诚如她说过的那样:"我只起了一个螺丝钉的作用。但我愿将工作中的粗浅体会和经验写出来,编进书里,用以指导护理实践,用自己晚年的夕阳之光,为振兴护理事业散发最大的光和热。"

黎秀芳一次又一次地参加学术会议、讲学、办专业学习班,只要是有利于发展护理事业的事,她都乐意去做。一些青年人因学术上的问题登门求教,她从不推辞,总是有问必答,热情相待。为了提高全军的护理教学水平,她根据自己的护理教育和科研实践,在护理界坚持倡导以 "严密的科学态度,严谨的科学作风,严格的治学校风"为主的"三严"精神,强调对学生的素质培养和职业道德教育,使学生把良好的职业修养和责任心结合起来,更好地为病人服务,做合格的护理人员。

肺癌?

1983 年初春,黎秀芳在天津审稿时,突然感到身体不适,发烧 38.9℃,

痰中有血。当黎秀芳返回北京后，总部首长十分关心，让她到 301 医院进行全面检查。医院为黎秀芳照了七张 X 光片检查，怀疑是肺癌，后来又用 CT 检查，仍不能排除肺癌的可能。

得知病情后，黎秀芳非常平静，只是执意要回兰州，她还要筹备全军护理专业会议。．

黎秀芳患了癌症的消息传出去后，她在兰州的许多学生，还有从外地赶来看她的学生，都劝她放下工作，专心治病。黎秀芳说："人总是要死的，我已经六十六岁了，我不怕！如果说我有什么舍不得，那就是护理事业。你们都还年轻，只要你们能把护理事业搞上去，我也就放心了。"

三月下旬，眼看会期临近，学校领导考虑到她的病情，坚决不同意她带病开会。黎秀芳执著地认为，她是全军护理专业组组长，她只要还有口气，就必须到会。她对来劝她的领导同志说："我即便不行了，也该去交个班吧。"

领导拗不过黎秀芳，只好让她去了，并派护理教研室的周运玲同志随

担任全军护理组组长的黎秀芳在福州会议作报告

行，一路上给她打针吃药。就这样，黎秀芳硬是忍着持续的低烧，按时赶到福州参加了会议，还在会议上作了长达三个小时的报告。

第二天晚上，福州军区杨成武司令员、付奎清政委请与会代表看电影，坐在电影院的黎秀芳当着两位上将的面睡着了，她实在是太累了。

会议结束后，黎秀芳到厦门和鼓浪屿分别作了一场报告，然后直接到上海胸科医院作检查。

有些人不理解，说："黎校长，您这么大年纪了，身体也不好，还那么拼死拼活地干，图个啥？"

黎秀芳回答得很坦然："我就是个犟脾气，为了能把护理事业搞上去，我活一天就要干一天。"黎秀芳常说："离开了党组织的培养，离开了同志们的帮助，我这个孱弱女子能干成什么事业呢？作为一名共产党员，我经常在想，应该给后人留下些什么？"

2000 年 12 月，八十三岁高龄的黎秀芳获得"第三届 21 世纪创新医学科

学成果大赛医坛杰出人物奖",赴香港领奖。医院担心她年岁已高,身体多有不便,就派邹美芬护士长陪她前往。

临出发前,邹美芬到她家里商量行程计划,见她正在整理资料,《护理专业的发展》、《如何保留护理人才》等讲稿摊在桌上。

"黎校长,去领奖,又不是去授课,您多注意身体啊!"邹护士长体贴地说。

"小邹,你还说对了。近几年广州的几家医院多次邀请我去讲课,但我一直忙于其他事务未能应邀。这次去香港途经广州,正好讲讲课。"

南丁格尔奖

黎秀芳的名字见诸报端、电台广播、电视屏幕、国家和军人名人辞典、名人录,荣誉接踵而至……

——1987年,兰州军区授予她"模范护理专家"的荣誉称号,推选她光荣地出席了中国人民解放军建军60周年英模代表大会,并在人民大会堂举行的隆重的大会上作了先进事迹报告。

——1988年,作为解放军特约代表,参加了全国劳动模范国庆观礼活动。

——1990年,被评为"全国模范护士",并被选进全国模范护士先进事迹报告团,在全国各地巡回报告二十一场。

——1991年,获得国务院签发的政府特殊津贴证书。

黎秀芳担任的社会职务达三十种之多……

"中国最高级护士小姐"——一家海外杂志这样称呼她、介绍她。

"看来我执意追求一生的选择是对的,我一生无悔……"坐在自己那套临近黄河边的兰州军区总医院"高职楼"阳台上的黎秀芳,望着奔腾不息的黄河水,脸上流露着满足的微笑……

1997年5月,一个消息从北京国际红十字协会传到了兰州:黎秀芳顺利通过了国际护理界最高奖项——南丁格尔奖的评定,成为中国人民解放军历史上第一位获得护理界最高荣誉的人。

黎秀芳实现了少女时代的梦想,她真正成为了一位"手提一盏小灯,为伤员送去温暖和生命"的天使。

8月31日,兰州的太阳仿佛升起得格外早,黎秀芳经过了一个不眠之夜,站在阳台窗户前,看着黄河远去,眼前的一切,都是那么的美好。

保姆端来了早餐，一只鸡蛋、一杯牛奶，还多加了一根油条。她的胃口很好，心情也很好。推开窗户，柔和的阳光立刻洒满了整个房间。

中午11:30，在兰州军区总医院餐厅，医院领导为黎秀芳举行了盛大的送行午宴，全体机关干部和各科室主任护士长参加，所有的人都为黎秀芳感到自豪和骄傲。

下午1:30，黎秀芳在兰州军区卫生部部长陈友亮等人的陪同下，登上了飞往北京的飞机。

天安门广场上高高的人民英雄纪念碑肃然耸立着，雄伟的天安门城楼中间悬挂着一排夺目的红绸灯笼，城墙的正上方是毛泽东主席的巨幅画像。

黎秀芳忽然想起兰州解放时，满街腰里系着红绸扭秧歌的女子，自己也跟着跳，边跳边唱："解放区的天是明朗的天，解放区的人民好喜欢……"

那是多久以前的事情了啊！

9月2日中午，总后办公室通知，下午江泽民主席要接见获奖人员。黎秀芳心中很是激动，还有几分紧张。"穿什么衣服呢？"她在心中一直嘀咕着，打开行囊比较了一番，还是对那件大红色的上衣比较钟情，"别看我是年纪最大的一个，但我要穿出年轻，穿出活力，让主席看到我们晚霞和朝霞一样灿烂呢！"

江泽民主席在人民大会堂陕西厅亲切接见了黎秀芳等五位获奖者，并在一起合影留念。由于黎秀芳是军队护士中的首位获奖者，中央和红十字会领导对她特别重视。接见中，江主席认真听取了关于她们的简要事迹汇报。后来，与会的领导告诉她说，在向江主席介绍获奖者的事迹中，江主席听到黎秀芳今年已过八十岁了，为护理事业奋斗了六十年，在西北就工作了五十六年，爱党爱国，执著追求，亲人都在海外，只身留在国内，把青春和一生奉献给了护理事业时，说："我是学工科的，制作一个零件，要经过多道工序和反复实验，试用后才能成为合格的产品。今后考察干部，就是要看他们的行动。"

下午4点钟，人民大会堂颁奖大会隆重召开。参加颁奖大会的国家领导人有：国家主席、中国红十字会名誉会长江泽民，中国红十字会荣誉会长宋平，国务委员彭珮云等中央领导同志。会议由中国红十字会会长钱正英主持。国务委员彭珮云及中国卫生部部长张文康先后在大会上讲了话。在威武雄壮的《义勇军进行曲》奏响之后，江主席亲自为五位获奖者颁发了奖章和证书。当黎秀芳上台领奖时,江主席对她说:"祝贺你!"握手时又说:"你的手劲还很大,身体很好!"

国际护理界的最高荣誉——"南丁格尔奖章"挂在了黎秀芳的胸前。

南丁格尔奖章是镀银的。正面有弗罗伦斯·南丁格尔的肖像及"纪念弗罗伦斯·南丁格尔,1820 至 1910 年"的字样,反面周圈刻有"永志人道慈悲之真谛";中间刻有奖章持有者的姓名和颁奖日期,红白相间的绶带把奖章与中央饰有红十字的荣誉牌连接在一起。同奖章一道颁发的还有一张羊皮纸印制的证书。

九十年前,英王爱德华七世授予南丁格尔丰功勋章。英国维多利亚女皇为表示对南丁格尔的嘉许与感谢,特地送给她一个金质钻石胸针,胸针上镌刻着《圣经》里的一句话:"怜恤他人的人有福了!"

"我已经八十岁了,不知道哪一天就要停下奋斗的脚步。但祖国的护理事业还很年轻,还需要更多的人去为之奋斗,为之奉献,特别是军队的护理事业需要更多的'南丁格尔'。"

黎秀芳作为获奖代表在大会上发言,在人民大会堂高高的五星顶灯的照耀下,黎秀芳红色的上衣宛如炽热的火焰,她的声音铿锵有力:

敬爱的江主席、各位首长和同志们:

今天是我和其他四位姐妹终身难忘的日子,我们为自己能够荣幸地参加这次授奖大会并获得南丁格尔奖章而倍感骄傲和自豪。我们深知这是一项崇高的荣誉,它不仅仅属于我们个人,更应该属于党,属于国家,属于军队和人民。它是对全国护理界的巨大鞭策和鼓舞。为此,我代表其他四位姐妹向授予我们南丁格尔奖章的党和国家领导人以及在座的各位首长和同仁表示衷心的感谢!

南丁格尔是我们白衣战士心目中的旗帜和典范。她以人道主义为宗旨,发扬红十字的仁爱之举,把毕生精力和爱心毫无保留地

奉献给了护理事业。一个多世纪以来，南丁格尔这个不朽的名字与她所倡导的人道主义和献身精神，自始至终激励着全世界的广大同仁在平凡的岗位上，任劳任怨，兢兢业业，忘我工作，用辛勤的汗水和真挚的爱心抚慰了无数人的理解和信任，赢得了全社会的爱戴和尊敬。我和其他四位姐妹，同千千万万个护理工作者一样，对护理事业非常热爱，情有独钟。我从 18 岁开始从事护理工作，又辗转到了祖国的大西北，在护理工作上耕耘了六十多个春秋。虽然身处艰苦地区，经历了许多坎坷和磨难，但热爱护士事业的信心从未发生过动摇。我全家都在美国，在我去美国探亲、考察期间，住在美国的亲人要求我留下与他们一起安度晚年，被我婉言谢绝。因为在我眼里，病人是我生命中的一部分，我离不开我所眷恋的护理事业和生我养我的那块热土。如今我虽然已年过八旬，仍孑然一身，但我却把晚年看做是生命中最美丽的金秋，把护理事业看做是我的一切。我曾不止一次地说过，我要在祖国社会主义建设事业中让生命的晚霞比朝霞更红、更灿烂。我们相信，我们所从事的护理事业是人民和社会不可缺少的，是值得我们用毕生精力和全部智慧去追求和为之奋斗的事业，南丁格尔的精神永远指引我们为护理事业奋斗不息。

这次我们荣获南丁格尔奖章，是国际红十字会和国家给予我们的最高荣誉，也是耸立在我们人生道路的一座丰碑。我们将以此为新的起点，继续发扬南丁格尔精神，把这盏永不熄灭的火炬一代一代传下去，再接再厉，努力工作，做一个永远忠诚于人道主义和护理事业的坚强战士。

谢谢大家!

黎秀芳有些颤抖，眼角一直噙着泪花。走下台来之后，她与四位获奖姐妹紧紧相拥。

听着黎秀芳的发言，江泽民主席对坐在身边的卫生部部长张文康说："黎秀芳同志的发言很好，很感人。请你与人民日报社联系一下，尽快全文发表。"

1997 年 9 月 3 日，《人民日报》第 1 版醒目位置以《把永不熄灭的火炬一代一代传下去》为标题,全文刊载了黎秀芳的发言稿。这在当时,被传为一段佳话。

9月11日,黎秀芳载誉返回兰州。走出机舱的一瞬间,她看到军区后勤部副部长陈国书、医院吴院长,还有医务部、政治部、护理部的同志们列队一字排开,五名护士学员手捧鲜花,警勤队的战士扯开十米横幅:"热烈欢迎黎秀芳载誉归来。"各媒体记者们手中的镜头也一起对准了她。

医院穿上了节日的盛装,彩旗飞舞,横幅飘扬,"热烈欢迎黎秀芳凯旋"、"向黎秀芳学习"、"黎校长一路辛苦了"……

黎秀芳眼睛湿润了。

她从行囊中取出在北京工艺品商店特意购买的一支支金丝镂边熊熊燃烧的景泰蓝工艺火炬,送给每一位护士长。护士长们清楚这火炬的意义,黎校长是希望护理事业能像这熊熊燃烧的火炬一样永不熄灭啊!

接下来的日子,黎秀芳不顾年高体弱,频繁地接受媒体采访、作报告。她总是在强调,"南丁格尔奖"这个荣誉,属于国家、属于军队、属于全国护理界。

解放军总后勤部卫生部下发文件,通知各军区、各军兵种、国防科工委后勤部卫生部、各总部管理局(直工部)卫生处、总参三部后勤部卫生处、军事科学院、国防大学院(校)务部卫生处(部)、武警部队后勤部卫生部、总后直属单位卫生部门,在军队护理战线广泛开展向黎秀芳同志学习的活动。要求全军广大护理人员要紧密联系实际,把开展向黎秀芳同志学习的活动同学习雷锋、白求恩、石磊等英雄模范人物结合起来,与落实总后勤部《关于进一步加强军队医疗机构为部队服务工作的通知》结合起来,形成浓厚的学黎秀芳、树护理行业新风的良好氛围,全面加强护理战线的精神文明建设,进一步做好为部队服务工作,为促进我军护理事业的新发展而努力奋斗……

2004年春节前夕,兰州军区总医院政委黄富强,带着护理部主任王新一行去看望黎秀芳,提前给她拜年。

黎秀芳兴致勃勃地带着黄政委看阳台上的花卉,她说:"我爱养花,花草有生机和灵气,能给人以温馨和希望。我们医护人员要像对待花草一样,用爱心护理伤病员。"

得知黄政委业余时间喜欢在黄河边捡拾石头,黎秀芳说:"你这个爱好可以亲近自然,还可以活动筋骨,强身健体。"说完,她从卧室里拿出一块酷

似人足的石头，交给黄政委说："这块黄河石是我在入党的那一天无意中捡到的。那天，我站在黄河边心情格外激动，忽然看见了这块石头，我将它作为入党日的纪念，一直存放在家中。这块石头也代表了我永远跟党走、脚踏实地干好工作的心愿与追求。你喜欢奇石，现在我把它赠送给你，与你共勉吧。"

黄政委接过这方奇石说："黎老，这块石头承载了您追求理想信念、坚定跟党走、热心为人民作贡献的伟大胸怀和崇高境界。我一定好好珍藏。"

黎秀芳逝世后，黄政委把这块石头郑重地摆进了"黎秀芳生平事迹展览室"，供人缅怀。

天使离去

"小马啊，你跟我有多长时间了？"

"快两年了。"

"你也是个大姑娘了，也该成家了。"

"奶奶，我还小着呢，还能陪您几年呢。"

这是在黄河边散步的一老一少的对话。她们的身影，被夕阳拉得老长老长，倒映在黄河水中……

2007年4月29日，兰州军区总医院绿叶成荫，槐花一串串向过往的行人探下头来，散发着静谧的香气。大家正盼望着"五一"长假的来临，好放松一下心情！然而，突然传出黎秀芳病危的消息。一张病危通知书，不仅惊动了军区领导，也牵动着全院人员的心。

"宁可自己脱一层皮，也要保住老专家的生命。"

黎秀芳、侄女黎烈芬（前左）和护理人员在病房

"挽救一个黎秀芳，就是为护理界捍卫了一面旗帜。"

抱着这样的决心，医院紧急成立了抢救小组，全力以赴投入到对老专家的护理中。

此时的黎秀芳，口腔红肿、渗血，不能说话、进食，消化道出血，四肢有出血点，并发骶尾部溃烂、肛周破溃渗血等症状。血像显示中性粒细胞进行性减少到了

200—300，正常值应为4000—1000，这就意味着，病人随时有大出血或是全身性感染的可能。

生命危在旦夕。

血液科专家提出意见，黎秀芳的粒细胞太低，一旦发生感染，后果不堪设想，应尽快转入无菌病房，并尽快进行骨髓穿刺，以排除因骨髓造血机能低下引起粒细胞减少产生再生障碍贫血的可能。

医院常委连夜开会讨论，考虑

黎秀芳与本书作者雷波（后排右一）、护士长杨彩（后排中）和护士王静舞（后排左一）在病房。

到血液科层流无菌间离得太远，出血病人在搬动中容易发生意外，当即决定就地建起层流无菌病房，抽调护理骨干成立特护小组，日夜观察病情和进行生活护理。

时间就像指缝中的细沙，快得让人抓都抓不住。这是一场抢救小组成员与时间的严酷战斗，赢得时间，就能挽留生命。

4月30日上午7:00，负责建立层流无菌病房的护理部主任王新、干一科护士长杨彩、血液科护士长王晓静将建立层流无菌病房所需物品列出详细一览表，送达药材科和器材科进行准备。

8:00，从全院抽调的特护人员袁迎娜、王静舞、郭娅、王学凤准时报到。特护小组正式开展工作。制订特护计划，进行紧急培训，明确消毒隔离措施。

10:00，全面清理病房，进行消毒前的准备。层流无菌病房要求非常苛刻，大到墙壁、窗帘，小到床头、板凳，都要达到无尘无菌的效果。王新主任和大家一起拿抹布擦墙面，用拖把拖地面。两位护士长抢过她手中的活，她又去铺床，一遍一遍仔细检查，看每个角落、每个缝隙擦干净了没有。

下午14:00，整个房间清理完毕，进行了彻底消毒后，特护组的同志才想起来还未吃中午饭。

晚20:00左右，无菌间所需物品全部配送到位，特护组按照无菌间要求进行安装配置。

又经过两个小时的苦战，层流无菌间全部准备完毕。

晚23:00左右，病人安全移入新建的层流无菌病房。

按照特护要求,每小时记录一次体温、心率、出入量;每2小时进行一次翻身、按摩、拍背;每4小时进行一次口腔护理、鼻腔冲洗,随时注意破溃处,及时清洗。

血液科专家很快在无菌条件下进行了骨髓穿刺术。两天后,骨髓穿刺结果出来了,病理报告上写着:骨髓细胞造血功能活跃,排除再生障碍性贫血的可能。大家全都松了一口气。

王新主任催促两位护士长回家休息,可是,没一个人愿意离开病房。这时,她们已经连续工作了36个小时。精心的护理、有效的治疗,使黎秀芳的病情迅速好转。血相中粒细胞逐渐上升到1100、7000、25000,很快达到了正常值。

合同制护士米亚丽,定于5月6日举行结婚仪式,可是直到前一天她还坚持在一线做黎秀芳的特护工作。她是从抢救现场直奔婚礼现场,匆匆忙忙地做了新娘。

胸外科护士王静舞是一位单身妈妈,抽调到特护组后,她将自己刚满两岁的儿子交给老人看管,全身心地投入到黎秀芳的抢救工作之中。孩子小,从来没有离开妈妈这么久,整天哭闹。几天后,等结束了特护工作回家,王静舞抱着瘦了一圈的儿子,心里一阵阵地酸楚。可是,一转身,她又放下儿子来到了特护病房,因为躺在病床上的黎秀芳,一直是她心中的榜样和偶像。

检验科的朱亚芬,接到电话的时候,正在回天水老家的路上。一听到黎秀芳病危需要特护,便二话没说,当即下车购买了回程的车票,急匆匆赶回医院参加了抢救工作……

在医护人员的精心呵护下,黎秀芳的病情逐渐有了好转。

黎秀芳满怀深情地对日夜忙碌在她身边的护士们说:"天使的翅膀是折不断的。我从小就梦想要给每一个受伤的生命插上飞翔的翅膀。今天,是你们给了我第二次生命。南丁格尔精神的精髓是什么?是爱与责任!长江后浪推前浪,你们比我做得还要好!请一定继续下去。"

一天,黎秀芳问:"离护士节还有几天?"护士们都笑了,又要过节了。黎秀芳接着又说:"护理工作的发展,离不开教育和培训,如今,我已经没有能力去实现这个目标了,我想捐一点钱,建一个护士发展基金,捐款仪式就定在护士节的这一天,好不好?"

黎秀芳把平时省吃俭用积攒下来的10万元钱,作为护士发展基金捐了出来。护士节那天，捐赠仪式就在病房里举行，简单又热烈。所有人的心，似乎都像插上了天使的翅膀一样在飞翔。

……

生命的尊严，已融入"天使"的血液中。即便是到了靠胃管维持生命的最后阶段，但凡有人来访，只要能拔胃管，她都要求护士替她拔掉，她不想以不雅的形象示人。

她最放心不下的还是她为之追求一生的医护事业。在她逝世前不久的一天，她对身边的护士说："麻烦你找一下雷波，让他尽快来见我。"

雷波是兰州军区总医院政治部的政治协理员，他非常敬重这位一生为护理事业献身并作出突出贡献的老人。闲暇时，除了照顾一下老人的生活，还常常帮助老人整理一些文稿。

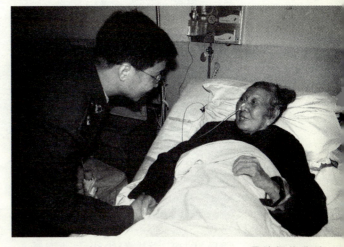

见到雷波，黎秀芳示意他坐下，雷波预感到黎老一定有重大事情要和他交代。

黎秀芳喘了一口气，说："小雷啊，谢谢你一直对我的帮助。"

"黎老，你是不是有事要说？"雷波轻声问。

"小雷，你为我写的遗嘱，我觉得缺些东西。我这一生，念念不忘的是党的培养，怎么能把这么重要的内容给忘了呢？"

雷波握住黎秀芳老人的手说："黎老，对不起，我重写，一定把您对党的忠诚表现出来。"

雷波握住黎秀芳的手，流着泪说："黎老，对不起！我重写，一定把您对党的忠诚表现出来。是我没有写好，您批评得对。"

雷波记得黎秀芳曾经说过："凡是自己认准的路，就一定要走下去，哪怕为之付出再大的牺牲。"

她还说过："我一生热爱党。经过多年的追求，党认识了我，我也更深刻地认识了党。"

遗嘱改写好了，雷波读给黎秀芳听：

我一生崇尚护理先驱南丁格尔，倾心致力于护理教育及管理，

181

躬身耕耘六十载。效仿先贤,专注护理,我亦终身未婚,宗亲均居海外,膝下无一儿女,孑然一身,了无牵挂。生壮老死,乃自然法则,我已年届耄耋,去日不多,皆无怨无悔。我为党没做多大贡献,惟念念不忘党的关怀和培养,当以护理未来为己任,不遗余力,谋求发展,弘扬人道,激励创新。要把永不熄灭的火炬一代一代传下去。故在我下世后,遂将平生所有积蓄全部捐赠医院,用于为部队伤病员服务。以绵薄之力,献仁爱之心,了平生所愿。并倡议业内有识之士,携手同心,共图护理发展之大业。

这是一位世纪老人对党、对祖国、对人民的热爱与忠诚。

生命弥留之际,在珍贵的遗嘱上郑重地签上自己的名字。

黎秀芳将所有积蓄八十余万元存款全部捐给了兰州军区总医院,设立"为兵服务奖励基金"。她不无遗憾地说,本来想凑够一百万的,可是,看来是不能了。

为了弥补她最后的"遗憾",她的领导、同事、学生们纷纷主动捐款。

不知为什么,当时协和护校的英文校歌近来总是一遍遍地在黎秀芳的耳旁回荡。那时我多年轻啊,躺在病床上的黎秀芳想。

　　小姑娘们佩戴金蓝争辉的证章,
　　勇敢坚强,扶助弱幼病伤。
　　倾听,为患者解除身心疾苦,
　　我们面前是艰难曲折的道路。
　　欢乐啊,纵情地歌唱,
　　协和同学奋发力强。
　　救死扶伤,让爱的花朵开放,

182

忠于祖国,护校精神永放光芒。

……

黎秀芳一直戴着一块黑色皮带的外国手表，即使生病住院也从没取下过。

在她昏睡时,护士给她擦澡,发现这只表的指针已经不走了。护士就取下手表交给护士长樊春玲保管。

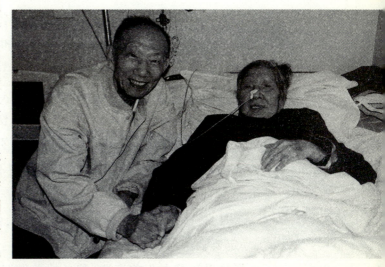

半夜醒来,黎秀芳忽然发现手表不见了,心急如焚,四处打电话寻问。樊春玲接到电话,连夜将表送了回去。从未见过黎秀芳流泪的樊春玲,第一次见到这位坚强的老人泪如雨下。

"对不起,这么晚辛苦你。你知道我心里最痛的是什么吗？每次一想到我父亲,我的心就特别地痛。这块表是父亲和我离别时送给我的，几十年一直陪伴着我。表不在了,就意味着我和父亲分开了……"

黎秀芳和二弟黎模斌在一起。她在昏迷中,常把二弟当做自己的爸爸。

从1948年起,黎秀芳选择留在中国内地,便选择了与家人分离。

黎秀芳再次病危。生命的最后一刻,昏迷中,她喊出了那深藏在心中的呼唤:"阿爹……阿爹……我要回家……"

遗体火化时,人们将那块陪伴了黎秀芳多年的手表,也一同火化了……遵照黎秀芳的遗愿,她的骨灰大部分埋在了她深深眷恋的兰州,其余部分装进了一只晶莹剔透的水晶瓶,送到了台湾,长眠在父母身旁。

海峡这边,是她的家。海峡那边,也是她的家。

2007年7月9日21时05分,黎秀芳这位伟大的女性,走完了她辉煌的一生,享年九十岁,与南丁格尔逝世时同岁。在她的遗体上,覆盖着一面鲜红的中国共产党党旗。

黎秀芳逝世的当晚,兰州军区总医院就作出了《向爱党爱国爱人民的时代楷模黎秀芳学习的决定》,兰州军区广大官兵开展了隆重的悼念和学

习活动。

兰州军区总医院的护士们每天自发轮流为黎秀芳守灵。

安葬黎秀芳的前一天,给盛骨灰的水晶瓶扎红丝带时,护士长杨彩和大家一起,像是为出远门的妈妈梳洗打扮一样,一边细细地缠绕,一边喃喃自语:"黎妈妈,你要走啦,让你的女儿送送你吧!"

护士们泪如雨下,谁说黎老无子女,护士们都是她的女儿!

天灰蒙蒙一片,又阴又冷。黎秀芳的追悼会,在华林山上举行。闻讯赶来送行的人群中,有国内外一百二十多个社会团体的代表,有她熟悉的战友,有她教过的学生,有她救护过的山区农民,也有她资助过的孤残儿童……

人那么多,院子里挤满了男女老少,却异常安静。大家神情肃穆,整齐地排着队,焦急而又耐心地等待着,见黎老最后一面。

哀乐播出的一刹那间,所有的不舍、悲伤止不住地奔流而出。

从灵堂里出来的人,哭泣着,不住地回头,顾不得擦去腮边的泪水。他们不停地接到山下朋友的电话,人太多了,进不来,请求代替他们也鞠个躬,烧个纸。

于是,许多出去的人又重新回来鞠躬,他们有的是代朋友、有的是代家人,一定要表达一下对黎秀芳的敬意。

媒体采访黎老生前事迹,黎老的学生们认真地接受采访,她们向记者诉说黎校长对她们的教诲,生怕说得不够仔细,无法让别人全面地了解她们的"校长妈妈"。

从美国专程赶到兰州参加追悼会的黎秀芳的侄女黎烈芬看到这一幕幕感人的场景,泪流满面,她说姑姑的一生是不平凡的,是伟大的,是让人倾慕的,"视事业为生命的人,会永远受到人们的尊敬"。

这是黎秀芳的家人对她最深切的理解。

又是春天,兰州军区总医院绿叶成荫,槐花一串串向过往的行人探下头来,散发着静谧的香气,这是黎老生前经常散步的地方。人们仿佛看到黎老安详的面容,静静地,静静地注视着这片厚重、火热的土地。

2009年5月7日,中共中央总书记、国家主席、中央军委主席胡锦涛同志签署命令,追授黎秀芳为"爱党为民模范护理专家"荣誉称号。

黎秀芳越去越远,又仿佛永远在我们身边!

2009年5月7日,追授黎秀芳为"爱党为民模范护理专家"大会会场。

追授的奖状

信念的丰碑

黎秀芳同志在长达近一个世纪的人生历程中,用坚定的理想信念、执著的事业追求和高尚的人生情操,诠释了一名共产党员对党对祖国对人民的无限挚爱和忠诚。

黎秀芳同志逝世后,我们整理她的遗物时发现,她没有一样值钱的东西,却在柜子里珍藏着6份入党申请书的草稿:这6份入党申请书,跨越了26个年头,它是黎秀芳同志对党忠诚、矢志不渝的有力见证。正是信念的力量,支撑着这位国民党中将的女儿孤身一人在大西北一干就是66年;支撑着这位追求真理的知识女性,历经坎坷不改人生初衷;支撑着这位胸怀大爱的白衣战士,在护理事业上创造了辉煌的业绩。

由于家庭背景和海外关系,黎秀芳同志的入党之路走得漫长而艰辛。尤其是"文革"期间,她蒙受冤屈,被关进牛棚。但她对党的追求始终没有改变,铁心跟党走的信念始终没有动摇。

十年动乱结束后,党组织为黎秀芳同志彻底平反,恢复了待遇和工作,这时,她想到的第一件事,还是申请入党。1977年6月21日,上级领导看望刚刚重返工作岗位的黎秀芳,问她有什么要求,她拿出写好的第五份入党申请书,动情地说:"我唯一的要求就是加入党组织,请组织上考察我。"这一年,黎秀芳年过花甲,她对身边的同志讲,我已来日不多,能在有生之年实现入党夙愿,就终身无憾了。10天之后,她又在党的生日这天,郑重地递交了第六份入党申请书,她深情地写到:"生我是娘,教我是党,我最大的愿望是加入中国共产党。"1978年9月3日,61岁的黎秀芳同志终于站在了鲜红的党旗下宣誓。

实现了夙愿的黎秀芳同志,内心不只是激动,想得更多的是一个共产党员的神圣责任。她忠实履行入党誓言,孜孜不倦地追求完美人生。她不顾年事已高,多次带领医疗队到雪域高原、大漠戈壁和偏远山区,为部队官兵和人民群众送医送药。她一生都在帮助他人,把所有积蓄全部捐给了部队、捐给了社会。

(兰州军区联勤部政治部副主任　徐昌健)

不熄的灯光

我是黎秀芳的学生，今年72岁。57年前，我考上了西北军区第一陆军医院高级护士学校，黎老是我们的校长。今年7月9日，接到黎老逝世的噩耗，我连夜赶往兰州。一路上，脑海里像过电影一样，一幕幕往事浮现在眼前。

一次，在病房实习时，我给一位病人擦背，被子没盖好，病人的身体露了出来。黎老看到后，严肃地批评了我。为了培养学员的爱心，她到了细致入微的程度，对怎么观察病情，怎么抢救病人，以至怎么说话、怎么操作，都一一给大家作示范。

黎老还在实践中总结出"三查七对"、"对、抄、勾、对"等护理操作制度，提出"三级护理"理论，引起国内外护理界的重视。这套看似简单的护理制度，却有效减少了差错，提高了护理工作效率和质量，至今仍在沿用。

上世纪80年代初，黎老担任全军护理专业组组长后，我俩又到一起工作了。我亲眼目睹了她为护理队伍建设费心劳神的情景。她不辞辛苦，对全军护理人员的数量、质量和护理设施情况进行了详细调查。她向总部首长提出了开展高等护理教育、改善护理设施、评定护理技术职称等7项建议。在她的呼吁下，我军首次建立了护士高级职称评定制度，第二军医大学设立了护理系，开展了护理本科教育。经过两年的复训，全军有近4万名护士受到了中专教育，其中部分护士经过继续教育，拿到了学士、硕士学位。

1983年，黎老准备到福州主持全军护理专业会议时突然病倒。医院检查怀疑她得了肺癌。总部首长亲自安排她到301医院检查治疗。会期临近了，领导考虑到她的病情，不同意她去开会，但她还是坚持参加会议。会上，她强忍着持续的低烧和病痛，作了长达3个小时的报告。

一天又一天，一年又一年，她始终为护理事业不懈奋斗，终于在81岁的时候荣获第36届南丁格尔奖，成为我军首位获此殊荣者。

（第二军医大学护理系原主任、教授、研究生导师 李树贞）

187

珍贵的遗嘱

　　我是黎秀芳同志临终遗嘱的整理人。在她生命的最后日子里,我亲眼见证了这位共产党员爱党爱国爱人民的坚定信念和博大胸怀。

　　2004年6月15日,我到病房看望生病住院的黎老。当时,她刚从一场大病中被抢救过来,身体还没有完全康复。她对我说:"你帮我写份遗嘱吧!我没有什么值钱的东西,想把平时的积蓄都捐给组织。"听了黎老的话,我既感动又震惊。我对她说,您这一捐可就什么都没了。可她说:"我快90岁了,党和人民给我的够多了,我还要啥?"

　　2005年1月,黎老的病情再次恶化。一天,她断断续续地对我说:"小雷,我不行了,快把我的遗嘱整理好。"看着老人殷切的目光,我心里一阵酸楚。我含着泪水,俯耳聆听她老人家一字一顿地口述遗嘱,当天夜里就动手整理。第二天一大早,我来到黎老的病房,逐字逐句念给她听。听我念完遗嘱,黎老闭着眼睛,似乎若有所思,但又一句话也没说。

　　一天上午,护士突然打来电话,说黎老要见我。我匆匆来到病房,只见黎老静静地躺在床上,呼吸非常微弱。我来到床前,她睁开眼看了我一下,示意我坐在她身旁,吃力地对我说:"小雷,谢谢你帮了我。但你对我还是不了解啊。"听了黎老的话,我有些纳闷。只见她轻轻地叹了一口气,继续说:"小雷啊,我这一生,念念不忘的是党的培养,你给我写的遗嘱,怎么把这么重要的内容给忘了呢?"听了这话,我受到了极大的震撼。我握住黎老的手歉意地说:"对不起,黎老,我重写,重写!"

　　这之后一连几天,我的心情都难以平静。我深深感到,这不是在整理一份普通的遗嘱,而是在代表一位世纪老人,向党、向祖国和人民表达最后的挚爱和忠诚。我再次翻阅了记载黎老事迹的大量资料,按照黎老的心愿,对遗嘱作了修改。2005年10月19日,黎老在这份遗嘱上郑重地签下了她的名字。

(兰州军区兰州总医院政治部政治协理员　雷　波)

难忘的恩情

从 1982 年起,我在黎秀芳奶奶身边生活了整整 11 年。我是到奶奶家当保姆的,奶奶却把我当成了亲孙女,是奶奶把我教养成人,也是奶奶把我从她家送上了幸福的婚车。每当想起奶奶,想到再也见不着她老人家了,我的眼泪就不由地流了下来:奶奶,我好想您!

我刚到黎奶奶身边的时候,好多家务活都不会干。说是我照顾奶奶,其实是奶奶在照顾我,她不但教我洗衣做饭,还教我学文化,给我讲怎么待人接物。

在我的印象里,奶奶一天到晚忙个不停,好像总有做不完的事,奶奶有很多学生,经常来家里看她,她们在一起谈工作的时候,奶奶特别开心,有时还拿出本子记下一些事情。她几乎天天写东西,每次写好后就让我送到医院护理部,或者到邮局发出去。有一段时间,我几乎每周都要跑好几次,时间长了,人家都说我是奶奶的"通信员"。

奶奶的工资比别人高,花钱却很节俭,连家里买的手纸都要裁成一小块一小块地用。她有一件穿了多年的旧棉衣,袖口都磨破了,可还是补了又补,舍不得买新的。帮助生活有困难的人,她却很大方。

我的婚姻问题曾经是奶奶最操心的事。她老人家一辈子没有戴过贵重首饰,却给我买了一枚陪嫁的金戒指。我结婚那天,奶奶非常高兴,一大早就起床打扫卫生,把喜庆的大红对联贴在门口。奶奶还请了许多她的学生和同事,她们都穿着整齐的军装来参加我的婚礼。

一天,我碰巧在街上遇见了黎奶奶。她老人家很高兴,非要拉我一起吃饭。吃过饭,天已经黑了,我想给医院打电话要车来接她,我知道奶奶是有资格用专车的,但她坚决不要,自己硬是颤颤巍巍地挤上了一辆公交车。那时,她已经 80多岁了,汽车开动,我看着她用手抓着吊环、身子来回晃动的样子,想到她老人家一生的辛勤和劳累,想到她对我的关心和疼爱,眼泪忍不住流了出来。

(黎秀芳生前保姆、兰州市市民 田凤琴)

护士的妈妈

　　1988 年,黎校长来到我们医院工作,担任专家组成员。当时她已年逾古稀,依然在为护理事业奔忙。校长刚到医院工作不久,我就听过她的课。记得那一课讲的是"护士的素质"。校长教诲我们:"护士是没有翅膀的天使,是真善美的化身。思想美才能热爱护理工作,心灵美才能护理好病人,仪表美才符合护士的职业要求。"从护士要有爱心,到更新护理理念,再到护士的外在形象,校长一讲就是 3 个多小时。听了这一课,我才真正理解了护士职业的丰富内涵。

　　2004 年 4 月,无情的病魔再次向年近九旬的校长袭来,她的生命危在旦夕。经过 10 多天的全力抢救,她的病情才得到了控制。按说这下她该安心休养了,谁知她仍然不忘对护士的教育培养。有天晚上,护士小王上特护,见校长睡着了,就悄悄地在一边写起了护理病历。校长醒来发现后,对小王说:"病人睡着了也会有病情变化。作为特护,应该时刻注意观察病人。"

　　校长对护士就像对女儿一样,总希望我们有所作为。她经常指导我们结合临床实践,仔细观察治疗过程,准确记录相关数据,撰写护理论文。护士冯燕梅被组织选派到新加坡学习,校长听说后非常高兴,把她叫到家里,千叮咛、万嘱咐,要她把国外先进的护理理念和护理技术学回来。小冯在外学习期间,校长还专门给她写信,鼓励她珍惜机会,学有所成。校长获得南丁格尔奖后,特意送给每个护士长一件精美的纪念品,勉励我们弘扬"人道、博爱、奉献"的南丁格尔精神,把护理事业的火炬传承下去。

　　2007 年 7 月 9 日,校长安详地走了,她把全部的爱留给了我们。安葬校长的前一天,我们含泪为她特制了一个水晶瓶骨灰盒,在给水晶瓶装饰红绸带时,我们就像在为出远门的妈妈梳洗打扮一样,一边细心地缠绕,一边在心中默默地呼唤:校长,护士的妈妈,您一路走好!

(兰州军区兰州总医院保健一部护士长　杨　彩)

回忆我的老师——黎秀芳

一九四八年我入学时学校状况

1948 年 8 月 28 日我们报到入学,原校长李景华去美国留学,黎秀芳由教务主任升为校长,我们是她当校长后的第一期学生。(1949 年去美国进修的应轮着黎秀芳,因解放一切都变了)

进校后有三个月的试读期,在试读期中观察学生的接受能力、性格、习惯等。三个月试读期淘汰一大批,以后每学期、每学年都有被淘汰者。

学校院子很大,房门前都有树,房子是土坯房,很简陋。一个年级就是一个班,一个班一个教室;学技术操作在示教室,示教室是小型的阶梯教室,因为房子小,阶梯较多,坐在最后一排的站起来快顶着房顶了。教具很多都是美国援华会援助的,如鸭嘴罐、毛毯、血管钳等,都是美国制造的。

宿舍是专门的一个生活区,有两大排房子。一个宿舍能住 20 个人,每个人有一个床头柜,衣柜、床头柜和床架子都是橘黄色的。房子简陋但内部倒很整齐,学生自备的床单、盖单都是白色的(和病房设施一样)。洗脸室有一排脸盆架,脸盆放置整齐。洗澡室是淋浴式的,洗澡时,先在水灶上打上水,放在淋浴器内,再用喷头冲洗,一个星期要求洗一次澡。晚上 10 点打熄灯哨后生活区上锁,不许外人进来,也不许学生出去。会客不能在宿舍,校长室旁边就是会客室,不许男生或男客人进入女生宿舍。生活区门内,就是舍监的办公室和宿舍(解放后女舍监叫生活干事)。

李景华去美国后学校没有增加人手,黎秀芳既是校长,又兼管教务,自己带了五至六门课(护士伦理学、家政学、营养学、基础护理学、内科护理学和部分妇产科护理学);张开秀是医院的护理部主任,兼学校教员,也上了五门课(外科护理学、急救学、手术室技术、绷带学、护理学的发展史);另有一个办事员,负责写通知、统计学生成绩等;还有一个工人,姓赵,上、下打课铃子,打扫学生宿舍卫生,给学生生火炉,替学生买东西(不是星期日学生不许出校门)。

星期一早上 7:00 升国旗,唱国歌,黎校长讲话(一般很简短)。升旗排队,按年级排,一年级在最后,二年级在中间,三年级在最前,三个年级加起来不足五十人。

入学后第一学期学生自己出伙食费，第二学期以后公费。1949 年 8 月 26日，兰州解放后第一野战军接收了我们，我们成了供给制学员，除了发军衣外还有津贴费。

白天上课，晚上上自习。上自习时教室换 100 瓦大灯泡，下了自习大灯泡换成小灯泡，黎老很注意节约。

黎校长对师资要求也很高，她常说："即便是这样简陋的土坯房，也要请最好的老师给我们上课。"一年级上文化基础课时，请兰州大学的老师，英语请的是一位美国老师，专业基础课请的是兽医学院的老师，都是教授级老师，临床医学课请中央医院的主治医生以上的人带课。

内科学是李尚举主任（美国哈佛大学医学院进修生）；外科主任是张查理院长兼任，陈文庆是主任医生；耳鼻喉科是王葆华主任；泌尿外科是靳士耀和张华麟院长，他们都曾在美国留学；小儿科是康士莹主任，是协和医学院的毕业生。

所有人讲课都没有现成的教材，老师根据黎校长的要求备课，老师讲我们记笔记，三年下来锻炼了我们记笔记的能力。

这种半工半读的形式对学生能力的培养起了重要的作用，每个年级都有自己的能力训练的重点，到三年级时可以代理护士长工作。

学生进病房黎校长也亲自跟学生进病房，看操作，指导实习。每天早上布置晨会教学，学生自己讲，到三年级时就可以作专题讲座了。

半工半读接触临床早，开阔视野早，能力锻炼好！

视事业如生命

为了事业，她放弃了安逸、舒适、高雅的生活环境，选择了荒芜、落后、尘土飞扬的兰州。

解放前的兰州，没有楼房，交通工具是马车。她所在的兰州中央医院，就在城西郊区的骚泥圈（街道名），是人马同行的土路，雨天是满路的泥和水，晴天是齐脚深的汤土，没有路灯。医院三天两头停电，不是用煤油灯，就是点蜡烛；土厕所，没有土盖，也没有水冲。国民党中央政府高级将领的大小姐怎么选择了这个地方？当时，兰州只有一所护士学校，第一期的学生只有三个人，学校里只有一个校长和一个办事员，教员都是中央医院的临床医生，还有萃英门内兰州大学和在小西湖的兽医学院有关专业的老师，这个地方的医院和学校，就是她为之奉献一生、追求不歇的理想和事业的所在地。

1949 年 8 月兰州要解放了，为了避免马家败兵的抢夺和污辱，她拒绝了父亲从南京发来同赴台湾的逃亡之命，将 32 名女学生在黄昏之时送入城内时任中央医院院长张查理的女婿所在的合作金库，亲眼看着学生们打好地铺，派一位女舍监（我们叫丁妈妈）守护，然后锁上高大的铁门才离去，每天用医院救护车送三次饭。她还带着高年级的学生守护院内的伤病员（当时是马家队伍的伤员），她没有放下院内需要照顾的伤病员，也没有扔下离家无助的穷学生而随家人逃往台湾,她守住了医院、守住了学生、守住了她为之奋斗一生的事业。

我们的教室是几间低矮的土坯房。她很想盖一座漂亮的教学楼,买了木料,却因缺乏资金盖不起来,这些木料放在操场上成了我们课后嬉戏玩耍的地方。解放后,组织上拨了款,盖了一栋漂亮的教学楼叫"丁字楼"。培养的学生分配到西北五省的各个地方,实现了她教学的愿望,她打心眼里感到高兴,也从心底敬佩和感谢共产党!

1981年改革开放后,她在美国的母亲和弟弟妹妹们从《光明日报》的海外版上看到对她事业的报导,他们高兴地知道了在大陆留下的唯一亲人还活着,高兴之余,迫切地盼望亲人们能早日团聚;他们很快发来了要黎秀芳赴美探亲的信函。她申请了去美国探亲的报告,经组织批准,假期为4个月,到了美国见了阔别34年的老妈妈和从台湾、香港等各地回来的弟弟妹妹、侄子和侄女们,在亲情的包围和骨肉相聚的欢乐之后,她惦记的还是她为之奋斗的事业。在美国,她参观了许多所医院和学校,记录了异国医院的管理模式和护理教育的状况,收集了许多教材。当她要回国时,她的妈妈说:"我80多岁,你也60多了,大陆上只有你一个人,留下来互相有个照应。"她说:"妈妈,我要回去,那里有我的组织,有我的事业,还有我许许多多的亲人(指学生),我会过得很好。"老妈妈生气了,她也动容了,越是要留她,她越是着急,最后她挣脱了亲人们的挽留,毅然乘机返回到祖国。到兰州的那天,乌云遮着太阳,秋风吹动着地上的小草,20世纪80年代的段家滩,还很荒凉,一路上没见几个行人,但是她的心还是很热。她说:"啊!我回来了,我到家了……"回来后,她向组织汇报了探亲情况,向地方医疗和教育单位介绍了多场在美国的见闻和医院管理的新模式,立刻投入到全军护理专业组织在兰州开会的准备和1982年春季在兰州举办全国第一期护理师资进修班的筹备工作中。

1983年3月,她因病住在北京解放军总医院(301医院)。肺上查出一块阴影,医院怀疑肺癌,留她作进一步检查和治疗,她身为全军护理专业组组长,惦记着福州全军护理专业组会议,她没被这吓人的初诊吓倒!她说:"我要出院,福州要开全军护理专业组会议,我不能不去,即便是我病倒了,只要我还有一口气,我就要去,要去给大家做一个最后的交代,至于我自己的病是小事,全军护理专业组的会,才是大事。"这就是她!视事业如生命的她!

她孑然一身,牺牲了常人应有的家庭温暖和天伦之乐。为了事业,她选择了自立、自强的独自生活,这使她的晚年生活略显孤独和寂寞。她放弃了和亲人团聚的时日,置自己的健康于不顾,为事业奋斗了一生,创造了事业上的辉煌!在90年的人生岁月中,她太多太多的付出和太多太多的牺牲,创造了生活中平凡的伟大!

在"文化大革命"中,不理解她的学生打她、骂她,一个身强力壮的大个子女生给了她一个狠狠的耳光,打得她倒退三步,她贴倒在墙根上,满眼冒出金花。一次,她为了逃脱学生对她的追打,爬越了学校的土围墙,跳到段家滩鱼池的边

上，憋着气，趴在池边的墙根里，静静地，定定地，趴了许久，追打她的学生以为她跳进了鱼池而返回，她才躲过了一劫。又一次，学生在打斗她时，把她推下楼梯，因胸部碰在台沿上，硌断了她两条肋骨，她爬了许久，慢慢地，慢慢地忍着痛，憋着气，自己站了起来，走回那属于自己歇息的地方。又一次，学生推倒了她，摔断了她一侧的股骨颈，没有人敢给她看病治疗，她自己痛苦地躺着，又自己慢慢地扶持着，小心地锻炼着，又站起来了！莫须有的罪名扣在她头上时，她想申述，又不能申述，说又说不清楚！她想大声地喊几声，抒发胸中的憋闷，不能！不能！千万不能！这样人家会说她疯了，更不相信她的话。没有办法，只能忍耐，忍耐，沉默，等待，等待，再等待！终于等到了党对知识分子的政策。党的精神、党的政策和党的关怀，还给了她一个大大的"清白"。她高兴了！轻松了！愉快了！再不怕不明真相的人打她、骂她、斗她了！她没有埋怨，更没有忌恨，她更加相信党、感谢党、热爱党，坚定了她跟党走的决心和信心！

当她得到人身自由、党向她征求意见时，她向党提出的唯一的一个要求就是："我要入党！"她是国民党政府高级将领的女儿，她在旧社会生活了30多年，在"文化大革命"中经受了严酷的考验和生命的洗礼，她对国民党、共产党都有自己深刻的认识和全面的比较。她认准了共产党，坚信共产党，26年来，她坚定地追求，执著地向往，她的坚信和忠贞绝不亚于革命先烈在敌人面前的坚强，不同的是革命者是在反动政府的恐怖统治下，她却是在党领导下不明真相的群众面前。她的经历、意志和坚强得到了党和人民的认可和敬重，她的精神源远流长！她的奋斗精神，永远值得我们学习！

安息吧！我敬爱的老师——黎秀芳同志，您的精神流芳百世！永垂不朽！写在她过世的第二个三月初三日您的生日时。

一个不听话、您批评最多的学生　郭维兰

2010 年 4 月 16

严师慈母忆校长

1950年7月初,我在参加完西北野战军第一陆军医院附属高级护士学校招生考试的笔试之后,又参加了面试。黎秀芳校长亲自主持面试,这也是我第一次见到这位著名的护理教育专家。校长在这次面试中问过我的几个问题至今记忆犹新。校长问我:"你知道护士是干什么的吗?"我回答不知道。校长又问:"护士工作又脏又累,你怕不怕?"我毫不犹豫地回答:"不怕。"校长又问:"医院里经常会有病人死亡,你怕不怕死人?"我又毫不犹豫地回答:"不怕。"现在回想起来校长问我的这些问题,才更深切地体会到校长把培养护士的敬业奉献精神放在培养护理人才的第一位,这也是她一贯的教育思想。

我很幸运地考入护校,并于1950年8月1日参军,成为伟大的中国人民解放军的一名战士。进入护校,是我一生中最重要的一次选择。

黎秀芳校长深知高水平的教师是培养优秀护理人才的关键,为此她想方设法聘请了许多高水平的专家为我们讲课。例如张华麟副院长为我们讲授泌尿外科学,大外科主任陈文庆为我们讲授外科学,靳士耀主任教授解剖学,李西昆主任教授内科学。黎校长在肩负护校领导重任的同时,还亲自为我们讲授营养学、家政学、护理管理学。每次护理技术操作考试,校长都要亲自参加,要求很严,连铺床走路的每个动作都有程序和姿势,有的同学稍一紧张,绷带或针头掉了下来,她就给个不及格。

护校是三年制,我们从二年级开始,上午到病房实习,下午上课。黎校长一贯强调护士职业是一项崇高的事业,护士的言行举止包括着装都应无愧于"白衣天使"的称号。进病房工作必须从头到脚一身白:白帽子、白衣服、白腰带、白袜子、白鞋。那时我们都是十六七岁的女孩子,这样着装自己也觉得很美。但到冬天问题就来了,军裤是黄色的,又厚又长,白大褂遮不住军裤。50年代的兰州,气温经常在零下20多度,黄河河面结着厚厚的一层冰,甚至可以过马车。为了不让我们受冻,保护膝关节,黎校长用自己的钱买了一批白布和棉花,为同学们缝制了白棉袍,使我们在严冬季节仍保持着"白衣天使"的形象。

黎校长讲授的营养学,深入浅出,内容丰富。学习这门课时,校长为我们配备了一批小灶具和餐具。两个人一个组,按照布置的作业具体操作,做出的菜或汤互相品尝,校长也亲自指导评说。"学而时习之,不亦乐乎",黎校长这种教学方法,体现了理论与实际的紧密结合,生动有趣,收到了很好的效果。

　　1953年我从护校毕业后,一直在兰州军区总医院工作。上世纪80年代中期,黎校长到总院任专家组副组长,我和校长也有了更多的接触。

　　黎校长多年担任甘肃省护理学会理事长,她对学会工作抓得很紧,她多次举办了各类人员的培训班、学习提高班;并组织各医院之间互相观摩、竞赛、评比。在她的主持下,省护理学会成为所有学会中搞得最出色、最活跃的学会之一,这大大推动了甘肃护理事业的发展。

　　黎校长对她的学生,不仅关心支持她们的工作,在生活上也非常关心。我在这方面有切身的体会。1995年2月,我因鼻腔血管破裂出血住院,那天大雪纷飞,天寒地滑。黎校长当时已年近八旬,但她仍赶到病房探视,并一直守护着我,直到凌晨一点多,我出血暂停后才回去。我每次生病住院,老校长总是非常牵挂,并让保姆做好骨头汤、鲫鱼汤等送到病房让我补充营养。2004年,我因腰椎压缩性骨折卧床不起,老校长又多次嘱咐医院有关科室为我治疗。老校长犹如慈母般的关怀使我终生难忘。

　　2007年7月6日,我和老伴去看望正在病重中的老校长时,专护小马同志对老校长说:"黎奶奶,宋奶奶来看你来了。"她当时处于嗜睡状态,听了小马的话后,过了几秒钟她的眼睛微微地睁了睁,轻轻地但很清楚地对小马说:"宋吟兰她是个好人。"这也是我听到老校长说的最后一句话。老校长历来教导学生要把做人放在第一位。老校长对我说的这最后一句话,使我深受感动,也倍感欣慰,在老校长的心目中我这个老学生在做人方面是合格的。

　　2007年7月9日晚,这位全军第一位南丁格尔奖获得者,我们的老校长黎秀芳将军与世长辞。今年是老校长逝世三周年,谨以此文表示我对我们敬爱的老校长的永远的怀念。

宋吟兰

2010年4月20日

后　记

看到案头上这本散发着墨香的书稿清样，我终于有了一种如释重负的感觉。

这本书关乎我对一位世纪老人的承诺。

那还是黎老健在的时候，我曾对她说："黎校长，我要为您写本书，一本写得像您的书。"黎老冲我会意地笑了笑，说："我们从事护理工作的平凡得很，我又没有爱情，写了没人爱看。"

竟管黎老这样调侃自己，但我还是不甘心。在我眼里，黎老一生充满了传奇，她就像一个"谜"，正等待着我去揭开。

我同黎老的这段缘分是从 1997 年开始的。那时，她已 80 岁高龄了。

记得我刚调到兰州总医院不久，恰巧遇到组织上第三次为黎老申报"南丁格尔奖"。政治部领导指派我负责为黎老整理申报"南丁格尔奖"的事迹材料。于是，我便有了第一次近距离接触她老人家的机会。

在此之前，我曾不只一次地被黎老的事迹感动过。我从许多途径了解到她是我国护理界的老前辈，创立过"三级护理"等制度，对现代护理贡献很大，而且，她的人生经历十分坎坷。因此，我对黎老充满着敬仰和景佩之情。

采访黎老时，虽然她已是耄耋老人了，但她给我的第一印象是：神清气爽，态度谦和，显得睿知而机敏。她谈吐间，不时地夹杂着一两句流利而又悦耳的英语，时时处处透出一种学者的气度和风范。

这次整理材料，我认真吸取了前两届为黎老申报失败的经验教训，按照国际红十字会的宗旨以及南丁格尔奖的评选标准和要求，对黎老进行了重新定位，着力挖掘她在弘扬人道主义精神和在护理工作中的重大贡献，还原

了她作为模范护理专家和护理教育家的身份。

时隔不久，我终于从当地报纸上的一则消息得知，黎老获得了"第三十六届南丁格尔奖"。这不仅圆了她一生的梦想，而且她也成为我军首位获此殊荣者。

就在黎老去北京人民大会堂参加领奖大会的前夕，政治部领导再次将为黎老整理发言稿的任务交给了我。我又一次走近黎老，见她精神矍铄、情绪饱满，看得出这次获奖给老人带来的欣喜。她见我的第一句话就是："要感谢党和军队的培养教育，要高举南丁格尔的旗帜，要把这盏火炬一代一代传下去。"

颁奖大会上，黎老充满激情的发言感染了在场的所有人，会场上不时地响起阵阵掌声。时任国家主席的江泽民同志对黎老的发言给予了高度赞扬，并亲自指示《人民日报》全文刊载。1997年9月3日在《人民日报》头版醒目位置以《把永不熄灭的火炬一代一代传下去》为标题，全文发表了黎老的发言。这件事，一段时间被传为了佳话。

黎老晚年一直致力于对青少年进行传统教育。她被国家确定为终身制专家并兼任不少社会职务以及多家杂志的编委。经常被政府部门、社会团体、学校医院等单位邀请去演讲、作报告。但由于她年事已高，又患有轻微"帕金森综合征"，手颤抖着不能握笔，她经常为整理稿子的事愁得饭吃不香、觉睡不好。有几次，她打电话求助于我。我被老人的精神所感动，总是连忙放下手中的活计，迅速赶到黎老家同她商量，然后按她的意图整理出来，再打印放大后交给她。从那以后，我便义务担当起了黎老的文学撰稿人的工作，除帮她起草报告和演讲稿外，还替她回复、处理各种来稿、信函等。

与黎老的这段"忘年之交"，值得我一生去回味。她老人家经历了近一个世纪的风风雨雨，曾经受到过党和国家三代领导人的亲切接见。她晚年能够对我这样一位基层政治工作者如此信赖，无形之中，给予了我极大的精神力量。与其说是我帮黎老做点力所能及的事情，还不如说是黎老以她的博大精神为我搭建了另一个平台，使我有了更多机会了解黎老和在更大的舞台上演绎生命。

走近黎老，就走近了母性的坚毅与博大。记得有位作家朋友曾这样告诉我："每当提到黎秀芳的名字，就会想起那个年代的中国，有一群如花一样的知识女性。她们个个天生丽质，光彩照人。"的确如此，新中国成立之初，在党的阳光照耀下,一大批知识女性茁壮成长,她们像鲜花一样绽放,给新中国带来了不一样的芬芳。丁玲、冰心、林巧稚、王秀瑛、黎秀芳……直到今天,当我们说起她们的名字,如数家珍。她们是中国妇女的杰出代表,都具有独立、自尊、自强的健全人格,她们关注新生事物,倡导妇女解放,焕发出巨大的学习和创造的热情,闪射出高贵的母性的光芒。

　　写黎老的一生,不能脱开南丁格尔。她是在南丁格尔精神的影响下一点一点成长起来的。她是南丁格尔的化身,是南丁格尔神性的复活。偌大个中国,有着五千年灿烂的文明史,但不能没有像南丁格尔这样伟大的女性。我敢说,如果我们的女性都把自己定位在生儿育女上的话,那么我们的土地就会因失血过多而显得愈发的贫瘠。在现实生活中,我们往往缺乏对母性的关照关爱,缺乏同情和悲悯之心,更缺乏对母性内在美的发现。时代呼唤女性英雄。虽然在我们记忆之中,曾出现过关于观世音、王母娘娘、女娲等久远的传说,闪烁过花木兰替父从军、杨门女将浴血疆场的壮举。但从她们身上无论如何都找不到像南丁格尔这样的知识女性的高贵典雅和浪漫脱俗的气质。黎秀芳等一批中国知识女性的出现,恰恰弥补了这一切。黎老出身将门,苛求知识与独立。她胸怀大爱,爱得深沉,爱得执著,爱得彻底。她继承了中华民族的传统美德,但她的人格又是对几千年传统的颠覆,是极具反叛精神的挑战。

　　人到晚年,人性趋于一种回归。躺在病榻上极近弥留之际的黎老,思维的程序被设定在两个方面:感恩与依恋。她的感恩是渗透在骨子里的。她几次从深度昏迷中醒来,还念念不忘党的关怀,遗嘱被两易其稿,直到表达得尽善尽美为止。为了那份感恩,她将自己的全部财产都捐献给了军队,作为服务伤病员之用。虽不像一些大款随手一捐就是千万亿万,但一个倾其所有,便足以诠释她大爱无私之品质的高尚。估计这样的捐献,就连那些大款们也是望尘莫及的。她的依恋之情,始终在血脉中汩汩流淌。那种真诚令天地动容,江河呜咽。她孑然一身,膝下无子女,身边无亲人。但她却常常对我和身边的医护人员说:"我们在一起,要像一家人一样。"她在昏迷中,经常像孩子一样地喊着:"爸爸,回家,我要回家。"一个日渐模糊了的家的概念,一份潜意识中越发清晰的亲情。她始终活在矛盾之中,又让自己的存在尽量合乎情理。"爸爸"和"家"是她心中永远挥之不去的情结。过去亏欠得越多,离她越远越模糊的,到老了却越来越近,越来越清晰,越来越不能放下。

　　写一个人我才知道,任何笔墨都不能穷尽其一生。生命的个体,其实是与世间万物共生共荣的共同体。我在写黎老的时候,其实是在通过写作来认知整个护理界。黎老的成长史,从某种意义上讲,就是一部护理发展史和兴衰史。有人或许要问,现在护理模式在不断地转换,黎老当年创立的那些东西恐怕早就过时了,如今再写这些是否还有意义呢?但我要说,如果一个人能获得无愧于那个时代的创造,就是代表了那个时代的精神,其实就是一种永恒。而我们恰恰需要汲取的正是这种时代精神。我们今天的护理工作者不正需要这种精神么?

　　黎秀芳老人的一生漫长而曲折。为了写好这本书,我花费了几年的业余时光。在这本书即将出版的时候,我特别要感谢兰州军区联勤部首长和兰州军区兰州总医院领导的关怀和支持;感谢甘肃省委宣传部的重点资助;感谢甘肃省卫生厅领导的高度重视;感谢兰州大学出版社对此书的鼎力支持。

　　由于自己水平有限,在此书编写中难免存在许多不尽人意之处,敬望广大读者批评指正。

雷　波

2010 年 10 月 1 日